编委会

中小学教育智慧文库
ZHONGXIAOXUE JIAOYU ZHIHUI WENKU

探寻创美育人之路

高中心理辅导课课例精选

张六安◎主编

暨南大学出版社
JINAN UNIVERSITY PRESS

中国·广州

图书在版编目（CIP）数据

探寻创美育人之路：高中心理辅导课课例精选／张六安主编．—广州：暨南大学出版社，2024. 4

（中小学教育智慧文库）

ISBN 978-7-5668-3877-3

Ⅰ．①探…　Ⅱ．①张…　Ⅲ．①心理健康—健康教育—教案（教育）—高中 Ⅳ．① G444

中国国家版本馆 CIP 数据核字（2023）第 012719 号

探寻创美育人之路：高中心理辅导课课例精选

TANXUN CHUANGMEI YUREN ZHI LU：GAOZHONG XINLI FUDAOKE KELI JINGXUAN

主　编：张六安

出 版 人：阳　翼
统　　筹：黄文科
责任编辑：高　婷
责任校对：刘舜怡　梁安儿　何江琳
责任印制：周一丹　郑玉婷

出版发行：暨南大学出版社（511434）
电　　话：总编室（8620）31105261
营销部（8620）37331682　37331689
传　　真：（8620）31105289（办公室）　37331684（营销部）
网　　址：http：//www.jnupress.com
排　　版：广州尚文数码科技有限公司
印　　刷：佛山市浩文彩色印刷有限公司
开　　本：787 mm × 1092 mm
印　　张：10.75
字　　数：250 千
版　　次：2024 年 4 月第 1 版
印　　次：2024 年 4 月第 1 次
定　　价：49.80 元

前言
PREFACE

中国科学院心理研究所、社会科学文献出版社联合发布了我国第三本心理健康蓝皮书，书中专题报告了《2022年青少年心理健康状况调查报告》。该报告发现青少年抑郁风险检出率相比2020年略有下降，西部、农村地区青少年心理健康风险较高，睡眠和运动与心理健康密切相关。根据调查结果，针对青少年群体的心理健康状况，报告提出了促进青少年心理健康的五点建议：①进一步完善青少年心理健康筛查和检测机制。②着力加强西部地区及农村地区青少年的心理健康工作。③加强对高风险群体心理健康的精准预防和干预工作。④进一步保障青少年获得足够的睡眠和运动。⑤倡导青少年健康使用手机，减少手机成瘾风险。

青少年时期是一个身心快速发展、面临多个成长议题的重要时期。在全球范围内青少年都是心理健康问题的多发人群。青少年的心理健康问题不仅会导致个人痛苦、造成家庭负担，也会给社会发展带来潜在的消极影响。2023年4月，教育部、国家卫生健康委等17个部门联合印发《全面加强和改进新时代学生心理健康工作专项行动计划（2023—2025年）》，并对学生心理健康工作作出全面部署，标志着加强学生心理健康工作上升为一个国家战略，意味着国家将其摆在更加突出、更加重要的位置。2023年10月10日是第32个“世界精神卫生日”，主题是“促进儿童心理健康　共同守护美好未来”。儿童心理健康事关未来，学生心理健康事关国家的发展、民族的复兴，高度重视学生的心理健康教育，刻不容缓，我们教育工作者必须有所作为。

在学校开设心理辅导课或心育课程，是做好发展性心育的重要载体。开设心理辅导课具有以下作用：一是满足全体学生共同的心理发展需要；二是为学生个性的发展创设团体氛围；三是为实现学校心育目标提供课程保证。不少学校在高一、高二、高三年级开设心理健康课程。学校把心理健康课程作为学生的必修课，其内容一般划分为“生活指导”“学业指导”“生涯指导”三个模块，学校将心育课程与学生发展指导有机整合，逐步实现对高中学生的生活指导、学习指导和生涯指导，起到了良好的效果。

作为高中学校，我们必须坚持德智体美劳“五育”并举、“五育”融通，同时将心理健康工作融入“五育”，高质量实施以德育心、以智慧心、以体强心、以美韧心、以劳健心的各项育人活动。广东省张六安名校长工作室高度重视学生心理健康教育工作，主持人张六安校长带领工作室成员以及部分学校高中心理学科教师，深入学校课堂，访谈教师和学生，认真听评了近百节心理辅导课，通过比较分析、凝练提升，从中筛选出46个优秀课例，归纳为七章内容：探索未知的自己、建立深厚的关系、洞见智慧的学习、认识情绪的世界、活出生命的意义、揭开爱情的面纱、解锁生涯的密码。这些优秀课例，通过课堂教与学的双向活动展示，从学生心理健康教育方面探索出“创美育人”的多向路径，从而在校园里营造出更多的和谐美、成长美、成才美，让每一个学生都成为一颗闪耀的“星”，照亮当下自己的内心，同时闪亮未来的人生。

通过这些优秀课例，希望能为每一位翻开本书的读者起到抛砖引玉、指点迷津的作用。让我们一起努力，共同托起学生的美好未来。

编　者

2024年1月

目　录

CONTENTS

第三章 洞见智慧的学习

第四章 认识情绪的世界

第五章 活出生命的意义

第六章 揭开爱情的面纱

第七章 解锁生涯的密码

第一章

探索未知的自己

《中小学心理健康教育指导纲要（2012 年修订）》指出，高中年级心理健康教育目标是要帮助学生树立正确的自我意识。基于此，本章设计了“秋日游园”“盖呀盖呀盖，盖出自我小房子”等主题心育课例。

秋日游园

肖　涵

【理论支撑】

本课例以心理学家 Joseph Luft 和 Harry Ingham 于 1955 年提出的“乔哈里窗”（Johari Window）模型（又被称为“自我意识的发现—反馈模型”）与美国心理学家威廉·詹姆斯（William James）提出的自我概念（Self-Concept）理论为基础。

【设计过程】

一、团体暖身阶段：秋日游园，动物奇遇

秋风摇曳落叶成诗，如同人生需肆意品味。今日我们乘风而来，与秋日撞个满怀，一起走进动物园，探寻万物可爱。请同学们思考并回答下列问题：

（1）动物园里有哪些动物？

（2）如果用一种动物代表自己，会是什么呢？

（3）选择它的原因是什么？

（4）它的突出特征是什么呢？

（5）利用周边的素材拼贴出它常见的生活姿态。

（6）我们可以从哪些方面了解这种动物呢？

二、团体转换阶段：探顶流奥秘，寻多面自我

动物界的“女顶流”花花的热度一直居高不下，深受国内外朋友的喜爱。花花凭借哪些特征稳居“顶流”之位呢？从生理特征而言，花花体型肥硕、头圆尾短、黑白相间；从心理特征而言，它性格佛系、憨态可掬、行动缓慢；从社会属性而言，熊猫被誉为“国宝”，出身名门。花花正是凭借它立体且多面的形象深受大家喜爱。同样，人类作为复杂的群体，也并非只有单一的一面。美国心理学家威廉·詹姆斯提出自我概念理论，他认为自我概念是个体意识和体验相对稳定的观念系统，具有复杂的心理结构，是一个多维度、多层次的心理系统，主要分

为以下三个方面：

（1）生理自我（Physical Self）亦称"生理自我概念"，是个体对自己生理属性的感知和评价，包括对自己身高、形体、容貌的意识和评价，例如高矮、胖瘦、美丑等。

（2）心理自我（Psychological Self）亦称"心理自我概念"，是个体对自己心理属性的意识、情感和评价，包括个体对自己性格、能力、价值观、行为等心理属性的认知和评价，例如外向、会游泳、爱音乐等。

（3）社会自我（Social Self）亦称"社会自我概念"，是个体对自己社会属性的意识，包括个体对自己在各种社会关系中的角色、地位、权利、义务等的认知、情感和评价，例如乖巧懂事的子女、勤勉刻苦的学生、认真负责的班干部、乐于助人的朋友等。

你对自己是否足够了解呢？请你从生理自我、心理自我、社会自我三个维度分别回答你是谁，并综合三个维度的特点绘制自画像。

自我评价表

生理自我：	自画像
心理自我：	
社会自我：	

这是我们眼中的自己。但我们常常对自我认知存在偏差，和他人评价有出入，所以在他人眼中的你是什么样子呢？

他人评价表

自我概念	同伴评价内容	同伴签名
生理自我		

（续上表）

自我概念	同伴评价内容	同伴签名
心理自我		
社会自我		

小组成员按照顺时针传递评价表，每位同学从自我三维度分别对其他同学进行评价并签名，写完后传递给下一位同学，直至传回自己手中。认真阅读别人对自己的评价，回答以下问题：

（1）别人对你最多的评价是什么？

（2）哪些评价是你认同的，为什么？

（3）哪些评价是你不认同的，为什么？

（4）哪些评价是别人注意到了，而你却未注意的？

（5）面对自我和他人评价的差异我们可以做些什么呢？

三、团体工作阶段：自我觉醒，重塑状态

心理学家 Joseph Luft 和 Harry Ingham 于 1955 年提出了“乔哈里窗”模型，又被称为“自我意识的发现—反馈模型”。该模型将自己以及他人对于自己的了解分为四个区域：开放区、盲目区、隐藏区和未知区。

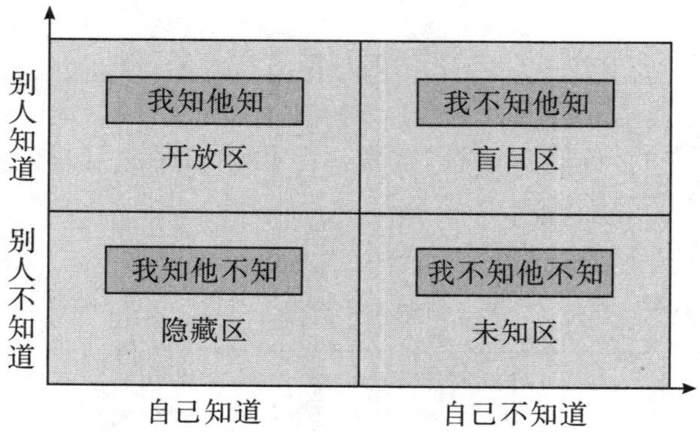

（1）开放区（The Open Area）：代表你对自己的了解，以及其他人对你的了解，如姓名、长相、身高、体重，及某些属于公开性质的资料。

（2）盲目区（The Blind Area）：代表你自己没有意识到，但别人知道的部分。个体对自身的认知会存在一定的偏差，会出现过于自信，或者过于自卑的现象。

（3）隐藏区（The Hidden Area）：代表自己清楚，但对他人隐瞒的事情，例如童年糗事、痛苦心酸的经历、刻骨铭心的暗恋等。为了避免外界干扰，适当的自我隐藏，是正常的心理需要。

（4）未知区（The Unknown Area）：代表你和其他人都不知道的事物，通常是指一些尚待开发的能力或特征，例如生活中你原以为无法完成的事，最终通过努力达成，这就是你潜在的能力。

针对这四个方面，我们如何更加了解自我呢?

（1）扩大开放区：广泛交友、开放自我内心、分享更多的自我信息。

（2）缩小盲目区：自我观察、定期自省、适时倾听他人反馈。

（3）适当打开隐藏区：在自我保护的基础上，进行自我揭示与分享。

（4）探索未知区：培养新知识与技能，走出舒适区接受新挑战。

四、团体结束阶段

开放区：信息共享。

隐藏区：自我揭示。

盲目区：反馈表达。

未知区：持续发现。

结语：生命是一场旅途，在路上见识世界，在途中认识自我。与过去和解，与未来相遇。而自我探索只有过程，没有结尾。这一路愿你内心丰盈，温暖如光!

盖呀盖呀盖，盖出自我小房子

王　甜

【理论支撑】

意象对话是由我国心理学家朱建军先生创立的一种心理咨询与治疗技术。它是在精神分析和心理动力学理论的基础上发展出来的，这一技术创造性地吸取了梦的心理分析技术、催眠技术、人本心理学、东方文化中的心理学思想等。它通过指导语帮助来访者进行想象，了解来访者的心理冲突，对其潜意识的意象进行修改，从而达到治疗效果。在意象对话中，房屋能代表人的心理状态。著名的“房树人”心理治疗方法就巧妙地利用了房屋这一意象。所以房屋与自我认识的多面性以及由表及里、由外到内的理念很相符。

本节课以体验式学习理论为依托，结合纲要和核心素养对初中学段学生认识自我的要求，让学生在沉浸式体验中一步步认识自我。

【设计过程】

一、团体暖身阶段：天黑请闭眼

全部学生闭眼趴在桌子上，教师说出某些特点，学生认为符合自己的就睁开眼并抬起头；如果是自己喜欢的特点，请同时拍三下手。

特点：长得很高、皮肤很白、有点胖、比较独立、i 人、e 人等。

学生感受并思考以下问题：

（1）你被戳中几次？

（2）你拍了几次手？

（3）当你可以拍手的时候，心情怎么样？

二、团体转换阶段：“盖”出自我小房子

1. 活动内容

（1）如果自己是一栋房子，你会怎么去盖？

（2）你可以用橡皮泥捏出你的房子。

（3）房子的风格、大小、颜色、高度、内在装饰等不限，结合自己的特点，盖出最能代表自己的专属房子。

2. 分享作品

（1）关于这栋房子，自己喜欢哪些部分？

（2）自己不满意哪些部分？

（3）未来这栋房子会有哪些变化？

教师小结：每个同学的房子都是不一样的，代表我们每个人都是独一无二的。不同的人对自己房子的满意度是不一样的，这可能反映了你对自己的喜欢程度。

3. 交换房子

如果你对自己的房子不满意，现在有一个机会，可以找同班的其他同学交换，但别人有权利拒绝交换。为了可以换到自己喜欢的房子，要先找出自己房子最吸引人的地方，然后推销自己的房子说服别人。

4. 学生交换过程分享及结果展示

为什么换 / 不换房子？你分别有什么感受？

三、团体工作阶段：房子的修缮

如果现在有个机会，可以让你对自己的房子进行修缮，你会对哪些方面进行修缮？

四、团体结束阶段：房子简介

总结自己房子的特点，并制作成一张介绍卡。

你我的气质不一样

马妙璇

【理论支撑】

“气质”的心理学概念是指人的心理动力特征，包括心理活动的速度、强度、稳定性、指向性等方面的稳定特征，属于人格的一部分，具有先天倾向性。

古希腊著名医生希波克拉底认为体液是人体性质的物质基础。罗马的生物学家和心理学家盖伦从希波克拉底的体液说出发，创立了气质学说，他认为气质是物质（或汁液）的不同性质的组合。人有四种经典的气质类型：黏液质、胆汁质、多血质、抑郁质。

【设计过程】

一、团体暖身阶段

1. 心声碰撞

我们每个人都希望自己的真诚善意被理解，乐观自信受人欢迎。可是现实生活却有很多场景让我们产生困惑和自我怀疑，要么嫌弃他人，要么羡慕他人。以下是来自同学们的一些心声，如果你也有类似的遭遇或感受，请画出来。

（1）我总被说“快点快点，你怎么总是慢吞吞？”

（2）我总被说“慢点慢点，你怎么总是急急忙忙、冲动莽撞呢？”

（3）我总被说“你什么都想做，但都是三分钟热度！”

（4）我遇到不开心的事，同学说“就这点小事，不用想太多，不要矫情”。我是不是太敏感了？我这样正常吗？

（5）我总是管不住嘴，不知道什么时候就把好朋友得罪了，我是不是不正常啊？

（6）我很想靠近大家，可是我理解不了他们的想法，怎么办？

（7）Ta 怎么可以整天精力旺盛，假期生活也很丰富，都不累吗？

（8）哇，Ta 好细心啊，我怎么就没留意到这一点呢？

（9）Ta 跟谁都能聊得来，真佩服。

（10）Ta 怎么在老师面前这么敢说，有勇气！

…………

2. 小视频《上帝之手》

从这个搞笑视频里，我们看到每类人物或某个个体在出生前，“上帝”就给 Ta 添加了能力、气质、外貌等各种各样的特质元素。

如果真的有“上帝”，你觉得上帝给你添加了哪些先天特质呢？今天，我们就来认识我们拥有的先天气质吧。

二、团体转换阶段：认识气质的四个类型

气质指的是心理活动的强度、速度、灵活性和指向性等方面的稳定特征，属于人格的一部分，具有先天倾向性。

气质类型说由古希腊著名医生希波克拉底提出，经由罗马的生物学家和心理学家盖伦确定，他认为气质是物质（或汁液）的不同性质的组合。人可以分为四种经典的气质类型：黏液质、胆汁质、多血质、抑郁质。

（1）多血质。多血质人容易形成有朝气、热情、活泼、爱交际、有同情心、思想灵活等品质，也容易出现变化无常、粗枝大叶、浮躁、缺乏一贯性等特点。这种人活泼、好动、敏感、反应迅速、喜欢与人交往、注意力容易转移、兴趣和情感易变换等。适合做要求反应迅速而灵活的工作。

（2）黏液质。黏液质人神经活动强且均衡。这种气质的人平静，善于克制忍让，生活有规律，不为无关事情分心，埋头苦干，有耐久力，态度持重，不卑不亢，不爱空谈，严肃认真。但不够灵活，注意力不易转移，因循守旧，对事业缺乏热情。

（3）胆汁质。胆汁质人情感发生迅速、强烈、持久，动作也是迅速、强烈、有力。这一类型的人热情，直爽，精力旺盛，脾气急躁，心境变化剧烈，易动感情，具有外倾性。

（4）抑郁质。抑郁质人的神经类型属于弱型，他们体验情绪的方式较少，稳定的情感产生也很慢，但对情感的体验深刻、有力、持久，而且具有高度的情绪易感性。抑郁质人为人小心谨慎，思考透彻，在困难面前容易优柔寡断。一般表现为行为孤僻、不太合群、观察细致、非常敏感、表情腼腆、多愁善感、行动迟缓、优柔寡断，具有明显的内倾性。

认识气质类型，能帮助我们更好地了解自己和他人的行为、情绪、动机、思维等，从而更好地接纳自己，理解他人。

1. 猜一猜：他们属于哪种气质类型

王熙凤、晴雯、林黛玉、薛宝钗、紫薇、小燕子、永琪、尔康、张飞、孙悟空、鲁迅、梵高……

2. 猜一猜：他们属于什么气质类型？写在括号里

（1）同学们紧锣密鼓排练的舞台剧明天就要表演了，可是，今天却收到演出活动取消的通知。A/B/C/D 四位同学的反应更像哪种气质类型的人？

A．太突然太不合理了，好生气啊，马上冲去找老师理论，想要争取活动继续。(　　　)

B．有点烦，算了，等会找老师了解一下原因，组员看起来也挺失落的，先安抚组员吧。(　　　)

C．好难过，精心准备的节目被取消了，是不是我们的节目不够好，但我们已经很努力了，哎，没心情吃饭。(　　　)

D．也许是有什么重要的原因吧，跟我关系不大。那明天做什么呢？(　　　)

（2）新学期社团招募新成员啦，A/B/C/D 四位同学的心路历程，体现出他们是哪种气质类型？

A．好开心，看到喜欢的 a 社团，冲过去报名了，发现报的人太少不好玩；b 社团报的人很多，马上去报名。进了 b 社团，不是自己想象的那样，决定和社长沟通，帮忙出主意……(　　　)

B．太多选择，选择困难症犯了。犹豫间，自己喜欢的 b 社团报名人数满了，运气真差；想加入 a 社团，发现有不喜欢的人在，放弃了；c 社团要演出，有压力；进了 d 社团，但好像不是自己最喜欢的，不开心。(　　　)

C．有好多喜欢的社团，逐一找社长沟通了解，都很感兴趣，先选了一个社团，打算下次选另一个。(　　　)

D．好多选择，得了解一下，默默地关注了解，找到自己喜欢的社团，打算下次继续选这个。(　　　)

3. 猜一猜：哪种气质类型的人从事这些职业更有优势，为什么

导游、营销人员、节目主持人、外事接待人员、管理者、运动员、新闻记者、服务员、技术人员、化验员、机要秘书、保管员、外科医生、法官、财务人员……

三、团体工作阶段：我的气质类型

1. 探索活动：选出适合描述自己的词，把它圈出来

安静　敏感　孤僻　喜怒无常　敏捷　　不安　好斗　缺乏耐心　果敢
觉察细节　庄重　悲观　易兴奋　　易变　冲动　粗枝大叶
保守　行为缓慢　不合群　害羞　乐观　　积极　直率　热情　精力旺盛
被动　谨慎　宁静　好沉思　　好交际　开朗　健谈
可靠　有节律　温和　沉着　　有同情心　随和　活泼
沉默寡言　稳重　　无忧无虑

圈好后，在中间位置画上横线和竖线，把词汇表分成四个象限，看看自己圈的词语落在在哪个象限最多，从而大致了解自己的气质类型。左上：抑郁质，左下：黏液质，右上：胆汁质，右下：多血质。

2. 小组交流

（1）你喜欢你的气质类型吗？

（2）这些气质类型带给你什么影响？这些气质类型的优劣势在日常生活中如何呈现？

（3）你如何让气质类型带来的优势在学习、生活、人际中发挥作用？劣势给你带来了什么，你如何与之相处？

教师小结：同学们，气质具有先天倾向性，单纯具有某种气质的人很少，绝大多数人是两种或三种气质兼具的混合体。四种气质类型各有优劣，本质上没有高下之分，了解并接纳自己的气质类型，允许自己不完美。

3. 学以致用

聊聊身边人的气质类型吧，多一点了解，多一些理解和尊重，创建“win-win”双赢合作关系。

4. 前面“心声碰撞”提到的那些同学属于什么气质类型

四、团体结束阶段

四种气质类型各有优劣，本质上没有高下之分。具有单纯某种气质的人很少，绝大多数人是两种或三种气质兼具的混合体。

了解气质类型，接纳自己的优劣势，在人际互动中理解和尊重每个人的心理特点，欣赏与理解别人行为中体现的气质特点，创建“win-win”双赢合作关系。

了解气质类型，有利于发挥自身优势，在未来职业选择中扬长避短。

多血质：赢在灵活，输在多变。

胆汁质：赢在真诚，输在莽撞。

抑郁质：赢在细腻，输在忧郁。

黏液质：赢在坚韧，输在寡断。

结语：了解天性，接纳自我，尊重他人。

我就是我，不一样的烟火——悦纳自我

陈瑞英

【理论支撑】

埃里克森人生发展八阶段理论指出，青春期的主要任务是建立一种新的自我同一性。高中生正处于青春发育期，生理、心理正发生着巨大的变化，他们自我意识高涨，内心世界丰富。本课旨在让学生学会接纳自己、欣赏自己，实现悦纳自己的活动目标。

【设计过程】

一、团体暖身阶段：尴尬是我

呈现 2024 年春晚尼格买提“穿帮”表情照片，你对上了吗？当你发生类似事情的时候，你的心情怎么样？

二、团体转换阶段：辉煌是我

活动规则：每人 6 张卡片［3 彩（优点）+3 灰（缺点）］，两人猜拳，胜利者可以和对方交换一张卡片，每轮始终是 6 张卡片；寻找其他小伙伴，继续猜拳；直至完成任务或时间到。

活动讨论：观察一下你手中的卡片是什么内容？现在的 6 张卡片和原来的 6 张卡片有哪些不同（内容和优缺点的数量变化）？你更喜欢现在的还是原来的 6 张卡片？为什么（优点变多了还是少了，缺点变多了还是少了）？手中卡片全灰或全彩的同学分享感受。

如果将游戏与现实生活相联结，你有哪些发现和感悟？

总结：你眼里的缺点可能是别人的优点；每个人都有其积极面和消极面。

三、团体工作阶段：交换缺点

活动规则：选出你最不想要的缺点，尝试与他人的缺点进行交换。

讨论：交换成功意味着什么？交换失败又意味着什么？

引出：哪些事情是可以掌控的，哪些是不可以掌控的。

1．我的言行
2．我的信念
3．成长环境
4．生活作息
5．我的想法
6．原生家庭
7．别人怎么想
8．别人怎么说
9．别人如何看待我
10．别人的信任
11．如何关爱自己
12．我如何对待别人
13．你在别人心中的位置
14．时间的流失
15．亲人的离开
16．突发意外

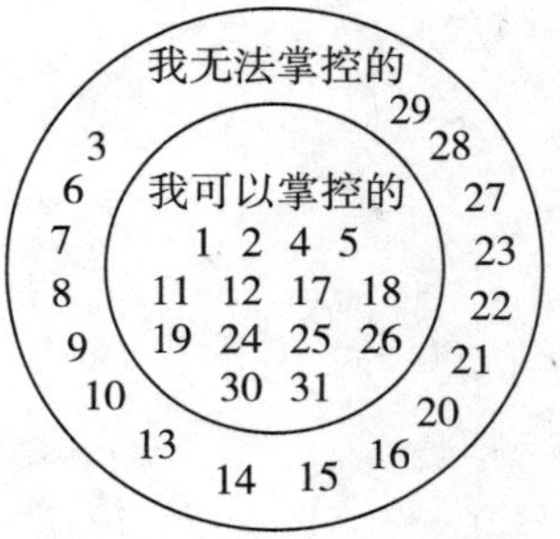

17．我的行为
18．信心、勇气
19．我的形象
20．交通、天气
21．家人的性格
22．变淡的友谊
23．遗憾的产生
24．付出多少努力
25．我的边界、底线
26．选择和谁交往
27．事情的结果
28．老师、同学的性格
29．成绩、排名
30．我的情绪、心态
31．我对负面事件的反应

我的人生掌控图

对于我们可以控制的事情，要全力以赴，积极行动；而对于无法控制的事，应顺其自然，试着接纳和转化。

四、团体结束阶段：有光的地方就有影——光与影并存

尼格买提“穿帮”，一次失误意外逗乐全国观众，这次失误，也意外成为龙年春晚最让人爆笑的一幕。一些预料之外、无伤大雅的失误并不是什么大事，如果处理得当，不仅不会“垮掉”，反而可能实现顺势而为，甚至借势而起，碰撞出意想不到的火花和快乐。

每个人的内心都有光的部分，它或是我们自身的一些优点、优势，这部分很容易被自己和他人所接纳。

每个人的内心也有阴影的部分，它或是我们自身的一些缺点、缺陷，或是有时冒出的阴暗念头和想法。我们感到不高兴、不愉快，或是有心理或情绪问题，就是在想要改掉阴影却无法改掉的矛盾中产生的，根源是我们拒绝接受这些阴影。

我爱着我，无论是光还是影。

第二章

建立深厚的关系

《中小学心理健康教育指导纲要（2012 年修订）》指出，高中年级心理健康教育目标是要帮助学生正确认识自己的人际关系状况，培养人际沟通能力，促进人际间的积极情感反应和体验。基于此，本章设计了“我的青春同行人”“欺凌之网”等主题心育课例。

我的青春同行人

麦清仪

【理论支撑】

通过热身活动（盲人和拐杖）体验并感受朋友的重要性，提升学生交朋友的欲望。然后通过填写和分享特征表，了解交到朋友的关键点。最后，通过场景回忆和分享，反思维系友谊的秘诀。

【设计过程】

一、团体暖身阶段：盲人和拐杖

在心理团辅室排好四列纵队，男女各两列。

游戏规则：盲人和拐杖在从一楼走到负一楼心理活动室的过程中，都不能说话，只能靠肢体语言交流。第一列和第三列为盲人，第二列和第四列为拐杖，拐杖对盲人的安全负责。拐杖负责把盲人领进活动室。大家找到位置坐下后，盲人摘下眼罩放在桌面的盒子里，并趴在桌子上听音乐。活动过程中，盲人不许偷看，不许讲话，如有违反，重新走一次。

过渡阶段：请大家进到活动室后，找位置坐好，不能说话，确认耳朵能否听到音乐，让自己的心平静下来。现在请大家听着音乐，安静地趴在桌子上，回想我们刚刚经历的几分钟，短短的三十米的路程，你感觉到什么？心里有怎样的感受？盲人，当你戴上眼罩，眼前一片漆黑，拐杖拉着你往前走时，你迈开腿的第一步，心里感受到什么？拐杖，当你领着盲人往前走时，盲人的动作带给你什么感受？你是怎样使盲人相信你的？想一想，我们不知不觉走过了十五六个春秋。这一路走来，我们都在扮演着盲人的角色，在过去的日子里，都有谁做过我们的拐杖？在将来的日子里，自己能否找到更多的拐杖，同时也成为别人的拐杖呢？不知我们的主题活动“我的青春同行人”能否帮到大家？请大家看黑板，这里有个活动积分表，整节课结束后算总分，赢的组没奖，输的组奖励一个表演的机会。刚才的热身活动大家都按规则完成，所以每组获得一分。下面请大家自愿分享一下刚才活动的感受，分享的组每人次获得一分。我数三二一，举手最快的同学分享，只有四次机会。

教师总结：是的，在茫茫人生道路上，我们都像个盲人，不可能独自存活。我们需要朋友的帮助，需要找到自己的朋友。那么，在我们和人交往的过程中，总会遇到这样一个问题，那就是不知说什么话题好。不知下面这张特征表对你是否有帮助？请大家每人拿一张特征表。

二、团体转换阶段

在表里找出自己的特征，并画上笑脸。同组同学相互交换各自的特征表，如果发现同学有和自己一样的特征，在同学画的笑脸旁签名。在班上找和自己有相同特征的同学，并请他们签名。

（1）看看自己的特征表，数一数有几位同学为你签名。让自己快速获得这么多签名的秘诀是什么？

师：从刚才同学们的分享中，我们发现，要想交朋友，必须主动，不能被动等待。而且如果自己有广泛的兴趣爱好，就更容易交到朋友。那么，当我们找到朋友后，怎样才可以让我们的友谊维系下去呢？

（2）回忆一个和朋友在一起的场景，想想是什么使友谊得到持续发展。

教学建议：要注意引导学生进入状态去回忆，在舒缓的背景音乐下，让学生的心平静下来，跟着教师的指导语进入状态。这过程大概需要一分钟的时间。

生 1：小时候家门口有一片空地，我们一班小朋友喜欢在那里一起玩耍，尤其是雨天过后，我们一起打泥仗，很开心。后来，那片空地建起了房子，我们就很少在一起玩了。这个场景让我想到，友谊的长存需要有相同的兴趣爱好。

师：谢谢你的分享。有没有同学就这位同学的看法谈谈自己的感受？

生 2：我同意这位同学说的，友谊的持续需要相同的兴趣。但是，随着年龄的增长，我们的兴趣爱好也会改变。所以，我觉得有相同兴趣爱好不是保持友谊的唯一因素。

师：谢谢你的分享，有同学就以上两位同学的看法说说自己的理解吗？

生 3：我觉得随着年龄的增长，我们要不断地发展自己的兴趣。因为如果只有原来单一的兴趣，大家会相互厌烦，友谊不能持久。所以，我认为友谊的保鲜，需要我们不断丰富兴趣爱好。

生 4：我觉得友谊的持续，首先要志同道合，然后在彼此熟悉后，发现彼此的缺点时，要学会接纳和包容。

（3）一分钟时间，每人写下自己对这节课的感受，然后贴在黑板上，每张纸算一分。

（4）算总分，输的组听老师的指令做动作：首先，让你两边的嘴角尽量向耳边靠拢，然后露出门牙，最后发出“哈哈哈哈哈”的声音（1 分钟）。

三、团体工作阶段：特征表

班级：　　　　　　姓名：

亲爱的同学们，这是一份特征表格，首先，请你写上自己的名字。然后：

1. 在符合自己特征的栏目旁画上笑脸，同时，在空格上补充自己的特征。
2. 在组内，请与你有相同特征的同学在旁边签名。

最后，在班上，看谁在规定的时间内获取更多志趣相同的同学的签名。

序号	特征	笑脸	志趣相同的同学在此签名	备注
1	喜欢看电影			
2	爱看小说			
3	喜欢动漫			
4	爱逛街			
5	喜欢听音乐			
6	喜欢欣赏美好的东西			
7	运动会得过奖			
8	独生子女			
9	有兄弟姐妹			
10	喜欢运动			
11	喜欢刷题			
12	喜欢养小动物			
13	喜欢手冲咖啡			
14	有时间会刷 B 站放松			
15	喜欢看书			
16	有时候喜欢一个人独处			
17	喜欢看综艺节目			
18	喜欢军事			
19	喜欢发呆			
20	喜欢看天空			

四、团体结束阶段

掌握交朋友的诀窍：在人际交往中要充分认识交往的重要性，优化自己的个性品质，主动扩大自己的人际关系网络；认清自己的角色，主动与别人交往；积极倾听，学会站在他人的角度思考；善于发现他人优点，真诚地赞美他人；待人宽容，讲究诚信；建立自信，相信自己值得别人喜欢。

欺凌之网

吴培娟

【理论支撑】

通过心理情景剧演绎，让学生了解校园欺凌的定义、构成三元素、三种角色和欺凌形式等；通过“欺凌之网”的活动，让学生体会到每个人都是欺凌行为中的一环，消极的言语/行为会加深被欺凌者的创伤，积极的言语/行为会让被欺凌者尽快走出创伤，鼓励学生学会在欺凌发生时和发生后给予被欺凌者积极的言语/行为支持，一起营造友善校园；培养学生同理心、共情的能力和友善、友爱的态度。

【设计过程】

一、团体暖身阶段：心理情景剧

情景剧演绎，演绎结束后，问大家：刚刚发生了什么？

教师引导所有学生思考：什么是校园欺凌？欺凌中的三种角色是什么？欺凌的形式有哪些？

校园欺凌是指发生在校园，蓄意或恶意通过肢体、语言及网络等手段，实施欺负、侮辱，造成伤害的行为。

欺凌中的三个元素：重复性——欺凌行为在一段时间内重复发生，而不是单一的偶发事件；恶意性——欺凌者蓄意地欺压及伤害他人；权利不平等性——欺凌者明显地比被欺凌者强，而欺凌是在被欺凌者未能保护自己的情况下发生的。

欺凌中的三种角色：欺凌者、被欺凌者、旁观者。

欺凌的形式：身体/行为欺凌——拳打脚踢等；言语欺凌——当众羞辱、给别人取花名、取笑别人、出言恐吓、粗言秽语、大声喝骂等；网络欺凌——网络上的语言暴力、把他人的个人真实信息发布在网上等；关系欺凌——蓄意不友善、孤立别人等。

过渡：刚刚的欺凌事件给小七带来了身体和心灵的伤害。当小七被欺凌的事件被周围的人知道后，小七的创伤是减轻还是加重了呢？小七的感受是什么呢？

旁观者可以做点什么呢？我们一起来参与活动：欺凌之网。

二、团体转换阶段：欺凌之网

1. 抽角色

事件发生之后，小七的父亲、母亲、班主任、同学、欺凌者、旁观者、心理老师、网友都对小七有不同的言语，你愿意成为其中的一个角色并对小七说点什么吗？请愿意的同学举手，我们将邀请 8 名同学来角色扮演。上来的同学在教室中间围成一个圆圈。

2. 讲解活动原则

空间性——游戏过程中，所说的话和所做的行为，只存在于这个空间，离开这个空间这些行为和话语就不再存在。

虚拟性——接下来大家说的话和行为都是虚构的，仅作为角色需要，不代表大家的个人观点和立场。

共同协议性——所有游戏的每一个行为都应该是在双方同意的前提下进行。

禁止伤害——不能够有肢体上的冲突和伤害。

保密性——带走自己的感受和知识收获，离开教室不谈论具体内容。

三、团体工作阶段

1. 第一轮：旁观者的言语（消极负面）

角色扮演者：说一句符合该角色的话语（消极、负面的）。先说角色，再说话语，如扮演旁观者的同学可以说："你自己戴眼镜，活该被叫'四眼狗'。"

将一捆线交给围圈的其中一位同学开始，以抽到的身份角色，对当事人说一句符合角色的暴力话语。教师在过程中传递绳子，直到所有人都说完。

教师采访围圈者和旁观者：①刚刚你看到什么，请用 1 ~ 2 个词来表达。②令你印象深刻的话语有哪些。③你期待旁观者说些什么或做些什么？

教师采访小七（被欺凌者）：①听了刚刚大家所说的话，你的感受如何？（最受伤是 10 分，没有伤害是 0 分。欺凌发生后，你打多少分？听了大家的话后，你打多少分？）②令你印象深刻的话语有哪些。③想对旁观者和围圈者说的话。

小结：就像刚刚小七身上的网一样，每个人一句话就构成了一张令小七无法逃脱的网，不是他想反抗就能反抗掉的。因此，每一个人的行为都是暴力结构里的一环，不是仅靠被欺凌者一个人的努力就能停止的。

2. 教师讲解校园欺凌带来的危害

（1）被欺凌者。

身体方面：身体可能会受到伤害，例如擦伤、挫伤、骨折、刀伤、肿痛、身体其他器官的损伤。

心理、情绪方面：可能会感到难过、害怕、悲伤、焦虑，并责怪自己，产生自卑、孤独、挫败之感。

学业方面：学业成绩下滑、逃课、辍学、休学。

严重的可能会自我伤害、自杀或者因为过于烦闷、挫败而伤害他人。

（2）欺凌者。

被社会排斥、交不到真正的朋友、不学无术、行为失调、暴力倾向加剧、失去道德底线、被法律制裁……

（3）旁观者。

焦虑、不安、愧疚、没有安全感、加入欺凌行列……

3. 旁观者的作用

旁观者的作用非常大。有研究表明，持反对欺负态度的旁观者越多，班级中的欺凌事件越少。

旁观者 NOT 技巧：

N：NO，坚决地说“不”，如：你应该叫小七姓名，因为你自己都希望别人叫你的姓名。

O：OFF，离开现场。立即将被欺凌者带到安全的地方；或自己先离开现场，向人求助后再返回协助被欺凌者。

T：TELL，积极向人求助，直至有人处理为止。

4. 第二轮：旁观者的力量

围圈者：每人说一句符合角色的正面、鼓励的话。以“我可以 / 我能够”开头，讲完后剪掉自己面前的绳子。

教师采访小七（被欺凌者）：①听了大家刚刚所说的话，你的感受如何？（最受伤是 10 分，没有伤害是 0 分。欺凌发生后，你打多少分？听了大家的话后，你打多少分？）②令你印象深刻的话语有哪些。③想对旁观者说的话。

旁观者：每人写一句积极鼓励小七的话。

教师小结：旁观者还可以（这样做）：情绪安慰、一起面对、告之老师 / 打 110 报警、陪伴聆听、找到应对方法。

四、团体结束阶段

分享：每人用一句话分享今天课程的收获或感受。

教师小结：今天，我们探讨了校园欺凌主题，发现每个人都是校园欺凌环节中的一环。当你阻止不了欺凌事件的发生，可以在欺凌发生当下采用 NOT 技巧协助被欺凌者，在欺凌发生后给予被欺凌者情绪安慰、和他一起面对、告之老师 / 打 110 报警、陪伴聆听、和他一起寻找应对方法。我们可以通过一些言语和行为给予被欺凌者力量。营造友善校园，从我做起。

附录：心理情景剧《校园风波》内容

时间地点：午休时间，地点为课室。

人物及道具：大威 / 欺凌者（戴上鸭舌帽）、小七 / 被欺凌者（戴上大眼镜）、陈默 / 旁观者。

小七独自坐在自己的座位上吃妈咪面。陈默和其他同学在谈天说地、追逐玩耍、休息。

午休时，大威无所事事，觉得很无聊，想找人开玩笑，就走到小七面前取笑他是“四眼狗”。

小七听后很不开心，但又不敢作声，只是低头不语。

大威见小七手中的妈咪面很好吃，认为一同吃也无妨，于是一把将它抢过来。小七很无奈，只能坐着默默忍受。

大威见抢来的妈咪面只剩下少许，觉得失望和气愤，于是拍打小七的肩泄愤。

小七觉得大威蛮横无理，但又不敢反抗。

大威想再买一包妈咪面，但身上没有钱。他见小七的衣袋内有一张十元纸币，于是向小七索取金钱：“喂！同学一场，借我十块钱先用呗！”

小七按着衣袋不肯借钱给大威。大威觉得很丢脸和愤怒，于是推撞小七，希望他就范。

小七很不情愿，只能拼命按着衣袋，不断向大威求饶。

其他同学见状在旁呐喊助威，大威觉得越来越不耐烦和气愤，于是大声说：“小七是吝啬鬼，连十块钱都不肯借我，又不是借了不还。陈默，咱们以后不约小七去打游戏了。”之后，大威趁小七不注意，抢了小七的十元纸币。

小七对其他同学的反应感到不知所措，亦不懂得回避，只会抓着大威的手不放。陈默则站在一旁默不作声。

跳出“内卷”旋涡

刘　宇

【理论支撑】

经典社会比较理论认为人类有一种与生俱来评价自己观点和能力的动机。一般来说，与客观的有形标准进行比较是最佳途径，但是如果缺乏一种客观的标准，人们就会通过与他人进行比较来明确自己的观点和能力。就社会比较倾向而言，个体之间存在着差异，每个人的社会比较倾向都是不一样的。“内卷”环境作为一种外界信息，不同社会比较倾向的个体可能对相同的环境感知不同。研究发现社会比较倾向越高，个体的自我概念清晰性越低而受“内卷”环境的影响越大，导致其“内卷”状态变化越大。我们可以通过主动进行自我关注和自我探索这种方式，找到自我发展的内在动力，避免无效“内卷”。

【设计过程】

一、团体暖身阶段：讲述故事，创设情境

1. 讲述故事，畅所欲言谈论“卷”

小明的故事

上周市联考成绩出来后，学生小明来找心理老师分享他的感受。小明说本来看到自己物理考了 65 分还挺开心的，因为之前物理经常不及格，经过自己的努力，终于达到了及格线。结果他发现同桌小白竟然考了 72 分，平时也没见他把时间放在物理科目上啊！中午小明回到宿舍午休，得知下铺的好友大强的物理分数是 80 分，他顿时就觉得自己的 65 分太低了！下午上课时，小明发现大家课间都在追着老师问问题、写作业、预习下一堂课的内容。这让刚上完一节课觉得疲倦、想趴桌休息一会儿的小明更不敢趴下了，晚上回到宿舍失眠到深夜十二点，发现室友竟然在“开夜车”。小明疑惑：“大家都不会感到累吗？太卷了！”

你有没有类似的经历呢？今天，我想跟大家一起来认真地聊一聊“内卷”。

2. 观看视频，澄清努力与内卷

播放视频《努力与内卷》，看完视频请思考内卷与努力的区别。

视频内容：老师布置了作文作业，要求作文字数不少于800字。同学A对该作文题目颇有感悟，于是文思泉涌，作文如行云流水，终成1200字佳作；而同学B见状开始焦虑，于是冥思苦想，最终东拼西凑成1500字的文章。该作文截稿时间是本周日，其他同学在周六晚上才着手去写；而同学C从周一就开始认真准备，终于在周五提交。

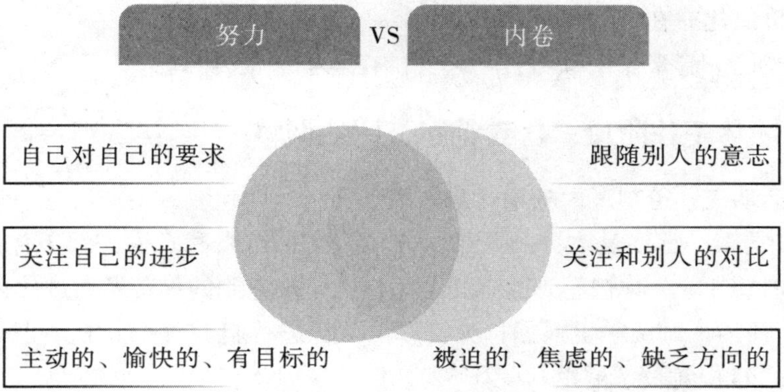

努力是用来要求自己的，而内卷通常是关注别人的。真正的内卷或许是一种结构性困境，而打破困境最终仍要依靠自我努力以拥有更多选择的权利。努力并非内卷，人生只有靠自己不断地努力和争取，才会有万丈光芒与前程似锦。

二、团体转换阶段：头脑风暴应对方式，古人故事汲取经验

1. 探索活动一：头脑风暴小明的应对方式

我们发现内卷与努力不是两个独立的、毫无交界的圆圈，内卷在当下资源有限的环境中应运而生，我们无法避免，但可以思考如何在内卷中生存。学生以小组形式一起续写小明的故事。小组代表分享讨论结果。

（1）揣摩小明的反应（感受与行动）。

（2）逐条记录讨论结果。

（3）分别评估其影响。

2. 探索活动二：《赵襄王学御》故事分享

经过探索，我们发现大家都在寻找形成积极良性学习行为模式的方法，以帮助我们更好地达到目标，在竞争的环境中积极转变，卷中求升。内卷是2020年的热门词汇，但内卷现象是什么时候开始出现的？我们一起看看几千年前的古人是怎样应对内卷的。

凡御之所贵，马体安于车，人心调于马，而后可以进速致远。今君后则欲逮臣，先则恐逮于臣。夫诱道争远，非先则后也。而先后心皆在于臣，上何以调于马？此君之所以后也。

译：驾车时你在我后面就一心只想追上我，你在我前面就怕我追了上来。其实，驾驭马匹是长途竞争，不是跑在前面，便是落在后面。但是你在前在后，注意力全都集中在我的身上，还顾得上与马匹的奔跑协调一致吗？

关注自己拥有的、能够做得好的东西，注意力就不会被与他人的比较牵扯，不将个人价值建立在社会比较的基础上。

今天我们一起来做个练习，一起尝试在竞争中提升自己。

三、团体工作阶段：自我觉察，评估调整

探索活动三：绘制《内卷事件应对表》

（1）觉察：觉察是改变的开始，先请大家进行自我觉察，写下你的身边有什么样的内卷现象、你被卷到的感受是怎样的、被卷到的你曾经做过什么行动。

（2）评估：每位学生根据自身实际情况，进行自我评估：这种状态是否可以承受？（难以承受 / 可以承受）

（3）调整：根据评估决定自我调整的方向。“我可以选择：暂停，比如：____________，学会休息≠放弃；我可以选择：启动，比如：____________；我可以选择：主动，比如：专注于可控的目标，找准自己的节奏。”

邀请部分学生分享自己的《内卷事件应对表》，以及相关感受与思考。

学生分享：及时自我觉知，虽然比较无可避免，但要避免盲目进行比较。全身心朝向自己的目标奔跑，关注自己拥有的、能够做得好的东西，注意力就不会被与他人的比较牵扯，不将个人价值建立在社会比较的基础上。

四、团体结束阶段：心理科普

内卷是流行语，指的是人类社会在某一阶段发展到某种确定形式后，停滞不前或无法转换成其他高级模式的现象。在学校里，内卷指的是学生之间为了面子而进行的毫无意义的攀比。

内耗效应是指社会或部门内部因不协调、不统一或矛盾激化等因素造成的，人力、物力等方面原本可以避免的、毫无必要的消耗导致的负效应。

心理内耗：（个人）心理内耗指一个人总是看重他人感受的心理，或是由于自身心理矛盾产生心理冲突。出现内耗效应的主要原因是内心资源分配的不协调。

“友”个银行

冯文姝

【理论支撑】

青春期开始，个体对于亲密关系的需要逐渐从亲子关系转移到同伴关系，在学校里和同伴相处的时间变得越来越长，经营友谊成为这一人生阶段的重要关卡。不良的人际关系会给内心带来风雨，而好的人际关系则可以帮助个体渡过难关，掌握人际交往中的准则和规律则是打开人际交往大门的金钥匙。

【设计过程】

一、团体暖身阶段：讲述故事，创设情境

观看视频《人情投资》，视频中出现的例子：①理发店的托尼老师喊你一声“美女”是希望你办卡；②老同学发红包是希望你帮他的孩子投票。

“金钱”与“人际关系”之间似乎有某种奇妙的联系，视频中这位男子发现了人际银行的存在，但他的生活过得似乎并不是很顺利。事实真如他所说的吗？让我们走近点儿，亲自看看人际银行里的秘密。

二、团体转换阶段：“情感账户”理论

你可以把人际互动中的相互作用比喻为银行中的存款与取款。其数额将对这段关系产生一定影响。

存款：我们在一段社交关系中使对方感到开心、幸福（存款的数额越大，这个“账户”就越牢固）。

取款：我们在一段社交关系中希望对方让自己感到开心、幸福（贬损、谩骂他人会迅速消耗账户余额）。

生活中常见的例子：①回忆你最好的朋友，你和 Ta 是不是认识很久，或经历了很多重要的时刻，所以彼此在对方那儿都存到了“很多钱”？②某天自习课你很想找同桌吐槽，但他有事要做，可你真的很想找人聊聊，所以拜托他陪你聊，这就是“取钱”。

尝试类比，加深理解。

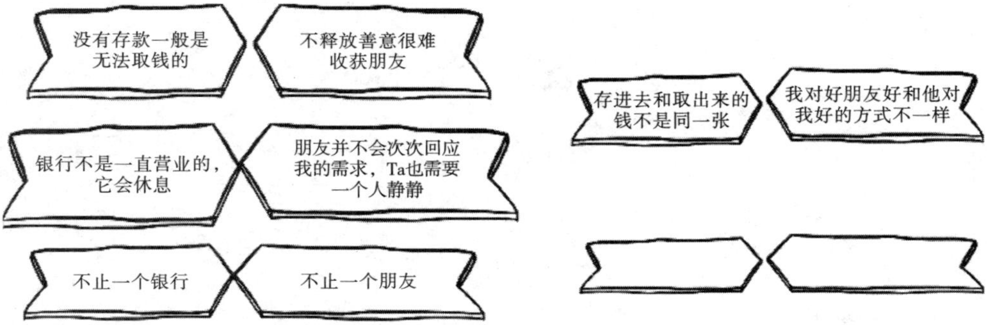

现实银行 VS 人际银行

三、团体工作阶段：账户开通

1. 出示存款记录

（1）列出个人清单，如在朋友心情不好时安慰他。

（2）小组交流讨论，每组分享两条“你会如何对别人表示友善”的存款记录，每组分享的内容不能重复。

（3）结果汇总，由教师板书项目序号及内容并澄清“存款”是让别人感到开心和幸福的行为，而不是自己开心而让对方不开心的行为，突出不同“标准”在人际冲突中的重要影响。

2. 完成个人价目表

价目表

序号	收	支	序号	收	支	序号	收	支	序号	收	支
1			5			9			13		
2			6			10			14		
3			7			11			15		
4			8			12			16		

收：当收到这一行为时你的满意程度（0分——非常不满意；5分——非常满意）；支：当你在关系中做这件事时所消耗的能量值（0分——非常轻松；5分——非常困难）。

（1）提问：你的价目表有何特点或规律？

（2）请根据全班生成的存款单制作自己的“存/取款单”。

（3）思考：对比存取的项目，有没有什么发现？

3. 验证环节——“取之有道”

根据人际交往“相识—相知—相助”这一流程，模拟人际银行的存取过程。和你的同学一起挑战“友谊试金石”吧。

【存】

①相识：甲此时的固定存款单项目为：＿＿＿＿＿＿＿＿＿＿＿＿＿＿＿＿。

对应乙价目表“收”栏中的金额分别为：＿＿＿＿＿＿＿＿＿＿＿＿＿＿。

②相知：甲根据对乙的了解推测乙希望别人会＿＿＿＿对他（甲有 3 次猜测机会且所猜需是乙“取款单”上的项目才能有效积分），这在他的价目表“收”栏上的金额又为：＿＿＿＿。

③总存款为：＿＿＿＿＿＿＿＿。

【取】

甲取款单中的项目在乙支出栏中的对应金额加起来（大于 / 小于）在乙处的总存款。

四、团体结束阶段——人际法则

1. 用“取之有道”的游戏规则来认识三个人际法则

①黄金法则：我希望别人怎样对我，我就怎样对别人。

②反黄金法则：我如何对待别人，别人就会如何对待我。

有人常说“交友中的付出得不到回报”，这是因为他希望他怎样对待别人，别人就应如何对待他，这样反而容易使双方产生矛盾和误会。

③白金法则：别人希望我怎样对他，我就怎样对他。

2. 法则运用

邀请学生思考在人际交往中分别运用这三个法则会有怎样的走向。

3. 分散投资

不要把所有需求 / 期待都放在同一个朋友（银行）身上。

4. 利用优势

比对你和其他人的价目表，幸运的话可以“存一进百”。

5. 熟记法则

留神！不要掉入反黄金法则陷阱。

换位思考，你好我也好

刘　畅

【理论支撑】

换位思考（Perspective-Taking）也被称为认知共情（Cognitive Empathy）或心理理论（Theory of Mind）。换言之，换位思考是一种感知他人心境并理解其目标和意图的能力，属于认知过程的产物（Alan et al.，2021）。故而，这一概念不同于一般意义上的情绪共情（Emotional Empathy）或同情性关怀（Empathic Concern）。

【设计过程】

一、团体暖身阶段：梨子实验

活动规则：①请一位喜欢吃梨子的A同学上来，面向全班同学，坐在讲台的椅子上，要求不能出声。②教师在讲台上出示两个烂梨子，右边的梨子是烂的地方对着台下的学生，左边的梨子是烂的地方对着讲台上的A同学。③教师要送一个梨子给台上的A同学，你猜他会选哪个呢？请A同学把答案写在一张纸上。④请A同学公布选择。请下面猜错的学生发言，并请其中一个同学上来坐在A同学的位置看，并告诉大家A同学做出这个选择的真正原因。

二、团体转换阶段：换位思考，人际法宝

1. 活动体验，归纳技巧

师：两位同学有一个表演要带给大家，他们的表演反映了一个普遍的问题。大家可以看看他们是怎么处理矛盾的，同时思考如果是你的话，你会怎么处理这个问题。

师：当她这么说你的时候，你是一种什么样的心情？

生A：气愤。

教师问学生A：当你处在气愤的心情之下，你特别想做的一件事是什么？

生A：反击。

教师问学生 B：你觉得你刚才的讲话方式有哪些问题？

生 B：态度有点恶劣。

教师问学生 B：当你采用这样的一种讲话方式，你最初的目的达到了吗？

生 B：没有。

师：你这样的一种说话方式不仅没有让对方停止做你不想让他做的事情，反而进一步把对方推向和你对立的一面。

师：你们觉得这样的表达方式有什么问题吗？

生：双方有些情绪化。

师：那么现在用换位思考的方式来解决这个问题。首先当我们要对别人说什么话或做什么事情时，先假设别人对我说这些话或做这些事情，看自己能不能接受。如果能接受的话，再说这些话或做这些事情。

2. 换位思考三部曲

如果我是他，我现在的心情会是________________；如果我是他，我心里的想法是________________；如果对方________________，我会很高兴。

师：接下来请这两位同学用换位思考的方式来解决刚刚这个问题。当我们利用换位思考的方式解决问题时，大家发现有什么不一样的地方吗？

主持人问这名学生：当对方用这种方式和你讲话时，你感觉怎么样？

生：舒服。

主持人：当你感觉比较舒服时，你是更容易接受他的建议还是不容易接受他的建议？

生：更容易。

师：通过这个表演可以发现换位思考后双方的心情会更平静，更能理解和宽容对方，进而人际间的不和谐问题也更容易解决。

三、团体工作阶段：热椅子活动

师：接下来全班分成 8 个小组，每个小组有一个任务需要完成，完成时间 5 分钟。

任务：

①小明是一个喜欢给人取外号的人，站在小明的角度你觉得小明这种做法可能的原因是什么？

②小明是一个喜欢给人取外号的人，当小明给你取外号的时候，你的心情是什么样的？

③晚修时，小宝做完作业就喜欢和同学聊天，严重影响了你的学习，站在小宝的角度看，你觉得他这样做可能的原因有哪些？

④晚修时，小宝做完作业就喜欢和同学聊天，而你正在写作业，他说话的声音很影响你写作业的效率，请问当时你的心情是什么样的?

师：站在取外号的同学角度来看，也许他给人取外号有很多原因。站在被取外号的同学角度来看，对方取的外号，可能是他喜欢的，也可能是他不喜欢的。当他喜欢这外号时，也许他会乐意接受；当他不喜欢时，他就不乐意接受了。所以取外号的同学在给别人取外号之前是不是要和别人先商量一下呢?

站在讲话的同学的角度来看，他可能一方面是想缓解自己的学习压力，另一方面可能是想打发时间。站在被影响的同学角度来看，写作业时不想被别人的说话声干扰。那么讲话的同学是不是可以采用其他方式来放松自己呢?当然受到干扰的同学也要对对方多一分理解。

四、团体结束阶段

师：通过这节课大家知道了换位思考的好处，懂得了如何换位思考。在发生矛盾时能够体会对方的感受，使自己的心情更平静和开心，能理解和宽容对方。同时换位思考不是牺牲自己的利益以满足对方的需要，而是实现人际交往间的双赢。

当父母这件小事

王 甜

【理论支撑】

根据塞尔曼的观点采择理论，高一年级学生已经发展到社会与习俗系统的观点采择阶段，他们会发现，如果对方和自己生活的环境完全不一样，自己是不能很好地理解对方的。随着年龄的发展，青少年的观点采择能力逐级发展，认知水平不断提高。从能区分自己和他人的观点，到能理解他人观点，到综合不同人不同的观点，再到能考虑社会习俗中的观点。个体观点采择的范围不断扩大，对外界观点的认识不断加深。这时候，他们可以学会站在对方的角度，去到对方的心理世界去理解他人。

表达性艺术疗法，是一种非言语性的心理治疗技术。用创造性、娱乐性、象征性或隐喻性的形式，起到传达治疗信息、舒缓情绪紊乱、促进交往，以及激发、丰富和扩展心理体验等作用。

本节课以体验式学习理论为依托，让学生在沉浸式体验中一步步走进父母的世界，去理解父母一系列行为背后的原因。

【设计过程】

一、团体暖身阶段

1. 父母盲盒

让学生现场随机抽取父母盲盒，学生根据 PPT 上对四种教养类型（专制型、权威型、溺爱型、忽视型）父母的介绍，给抽到的盲盒父母进行评分，然后让学生评估自己的父母是什么类型的，并给自己的父母评分（满分 100 分）。

2. 学生分享

学生分享自己的父母类型，并分享他们与父母的关系状态。

3. 小结

就像抽盲盒，遇到什么样的父母，是我们无法预测和决定的。

二、团体转换阶段：建立宝宝档案

1. 活动内容

请你想象在若干年后，自己成为父母并有了一个宝宝，现在要为宝宝建立一份“宝宝档案”，内容包括：长相、名字（说明姓名的寓意）、性别、身高、性格、兴趣爱好。

2. 学生分享

（1）分享一下你的宝宝档案。

（2）当父母的感觉如何？

3. 小结

不当父母，无法理解父母的爱更不知父母的难处。当你成为父母，你会对他们现在的很多言语和行为有更深的理解与体谅。亲子之间的隔阂，自然会消散很多。

三、团体工作阶段：让我忧心的“娃”

假如自己的孩子上了初中后出现了很多状况，你会如何去解决？

分享与总结：你是第一次当孩子，他们也是第一次当父母。世界上没有那么多极端可恶或者完美无缺的父母，他们只是有着各种缺点的普通人而已。

四、团体结束阶段：重新“看见”父母

（1）再次让学生给自己的父母评分。

（2）小结概括本节课的内容：

做孩子不易，
当家长也难。
家人之间不要内耗，
相互理解，从我做起。

化冲突，育成长

冯文姝

【理论支撑】

在良好的沟通过程中，有三个要素缺一不可，它们分别是自我、情境和他人。如果对话双方在沟通过程中，眼里缺少“他人”或“情境”，那么人际中的矛盾往往无法得到有效的解决，后果小则双方逐渐疏远，大则关系破裂。

【设计过程】

一、团体暖身阶段：冲突联想

1. 以画叙事

请用四宫格心理漫画描述朋友间的冲突始末。

2. 案例呈现

（1）举例：体育课后，小A热得满头大汗，回到班里就开了电风扇。小B最近身体不舒服，风扇一开就更加难受了。小B不快地说道：“你只在意自己热不热，也太自私了吧。”小A不理会小B径直走回座位。小B气愤又无奈。

（2）邀请学生分享自己的漫画内容和故事情节。

二、团体转换阶段：知识运用

1. 沟通三要素：自我、他人和情境

沟通的过程就是这三个要素互动的过程，沟通的结果也是这三个要素互动的结果。

（1）自我。自我即互动中的“我”，是提供信息的人。自我是一个系统，在沟通中，融合了我们的价值观、信念、态度，当时的身心健康状况及内在状态，对自己的想法和评价，对说话对象的感受和意见，对环境的感受。这些因素，都影响着沟通。

（2）他人。他人即互动中的另外一个（或多个）个体，是信息的接收者。在沟通中，他人也带入他的自我元素，影响着沟通。他人分为实际的他人特征

和我们认为的他人特征，这两者可能重合一致，但大多数时候是我们对他人的偏见。

（3）情境。情境即互动时的背景，包括沟通的目的、氛围、环境或社会背景。不同的情境可能会对沟通产生不一样的效果。

2. 请你将所绘漫画的沟通三要素写出来

（1）以上面的案例为例，如采用小 B 作为第一视角，那么：

①自我：我希望外界可以看见我的不舒服并照顾我的身体情况。

②他人（小 A）：上完体育课很热，需要降温，想待在凉爽的环境。

③情境：两人的需求不一致，且小 A 并不知道小 B 不舒服。

（2）邀请学生分享。

3. 三要素衍生出的五种沟通模式

（1）讨好型（只关注到他人）。讨好型的人忽略自己，内在价值感比较低。他们经常说出“这都是我的错”“我想要让你高兴”之类的话；行为上则过度和善，习惯于道歉和乞怜。

（2）指责型（只关注到自己）。指责型的人则常常忽略他人，习惯于攻击和批判，将责任推给别人。“都是你的错”“你到底怎么搞的”是他们的口头语。究其内在经历，指责型的人通常孤单失败，但他们宁愿与别人隔绝以保持权威。

（3）超理智型（只关注到情境）。超理智型的人极端客观，只关心事情合不合规定、是否正确，总是逃避与个人或情绪相关的话题。他们告诫自己：“人一定要有理智”“不论代价，一定要保持冷静、沉着，决不能慌乱。”这类人表面上很优越，举动合理化，而实际上，他们内心很敏感，有一种空虚和疏离感。

（4）打岔型（都没关注到）。打岔型的人永远抓不着重点，习惯于插嘴和干扰，不直接回答问题或回答根本文不对题。他们内心焦虑、哀伤，精神状态混乱，没有归属感，不被人关照，还常被人误解。

（5）一致型（关注到自己、他人、情境）。这种模式建立在较高自我价值的基础之上，达到自我、他人和情境三者的和谐。这种模式的人的言语表现出一种内在的觉察，表情流露和言语一致，内心和谐平衡，自我价值感比较高。

4. 理清你漫画中的沟通模式

三、团体工作阶段：提升觉察

1. 思考并回答

（1）当事情发生时，你是否注意到你的内在有什么变化？

（2）你周围的现实环境是什么？你与环境的关系如何？

（3）对方的心情如何？对外界是否有兴趣？他们什么时候开始自我防卫？

（4）有意识地去选择你的行动和反应。

2. 改写剧本，创造一致性沟通

一致性沟通就是在沟通的过程中不仅要关注自己的感受，真实地表达自己的观点、感受和期待，同时也要关注对方的观点、期待、渴望和感受，还要兼顾当下的情境。简言之，一致性沟通就是要同时关注到自我、他人、情境三者之间的关系。

对于自我和他人，在一致性沟通中可以通过此刻的观察、感受、观点和期待，将自我和他人连接，用心聆听，然后决定我们可以怎么做。具体的方法包括：

（1）倾听。不带有任何评判、抱怨、比较等，只是认真倾听。

（2）尊重。尊重他人的观点、态度、方式与我们的不同。

（3）积极关注。看到他们做得好的一面，并表达出来。

（4）真诚。用我们的真心来回应。

对于情境，在一致性沟通中，我们需要觉察说话当时的情境，决定哪些话该说、该怎么说，哪些话不该说。有些人吵架不分场合，让对方很没面子，这就是没有考虑到情境。

一致性沟通小贴士：

Tip 1：说话多用“我”，少用“你”。

Tip 2：习惯这个句式“当……（事实）的时候，我觉得……（感受），我希望……（具体要求），我相信……（正面引导）”。

Tip 3：用“心”听对方说话。

四、团体结束阶段：萨提亚不同沟通模式的练习方向

讨好型怀有关心的种子；指责型含有自我肯定的种子；超理智型具有理智的种子；打岔型则是创造力与弹性的种子。因此，问题不在于不一致的沟通姿态，而是人们如何使用它们以及是否具有弹性与觉察。每个人都有一个自主沟通模式，但是也会经常转换。所以，要学会判断和纠正自己，并学会判断别人，找到问题沟通中的根源，希望我们都能够成为更好的人。

萨提亚不同沟通模式的练习方向

- **指责型**
  - 特点：只关注自己，忽略他人。习惯于攻击和批判，将责任推给别人。用肢体语言表示就是一手叉腰，一手盛气凌人地用手指指着对方。
  - 小贴士：尝试放下“指责的手指”，用好奇和关心看看和你沟通的人，他所说的话背后藏着什么样的感受、观点和期待。
- **讨好型**
  - 特点：
    - 关注他人，忽略自己。
    - 内在价值感较低。
  - 小贴士：倾听自己内在的声音，重视它，逐步地练习表达自己的感受。
- **超理智型**
  - 特点：
    - 极端理智和客观。
    - 回避感受。
    - 表面上很合理、很聪明，但长时间忽略感受层面的需求会导致内心压抑，感到空虚。
  - 小贴士：练习和自己接触，不只是用脑袋思考，要多用心和感官去听、去看、去感觉。可以试试正念和冥想，增强你头脑和身体的链接，有时身体会告诉你很多信息。
- **打岔型**
  - 特点：永远抓不住重点，习惯插嘴和干扰，不直接回答问题甚至回答文不对题，这种模式会让对方觉得不被尊重和接纳。
  - 小贴士：关注情境，活在当下。觉察自己想要回避话题的深层原因是什么。

良言一句三冬暖

李梓楣

【理论支撑】

本节课以《中小学心理健康教育指导纲要（2012 年修订）》高中年级心理健康主要内容中的“正确认识自己的人际关系状况，培养人际沟通能力，促进人际间的积极情感反应和体验”为背景，以马歇尔·卢森堡博士提出的“非暴力沟通”四要素——观察、感受、需要、请求为蓝本，在简化其“非暴力沟通”四要素后，使用觉察、感同身受、善意表达的方式正确处理高中学生间的矛盾，达到善意沟通的目的。

【设计过程】

一、团体暖身阶段：观看视频《回校的小宇》

1. 观看视频《回校的小宇》

视频内容：去澳大利亚打黑工的张小宇被遣送回国，并回到原来的学校继续上学，却遭到班内部分男生的冷嘲热讽，小宇气不过跟对方打起架来。

2. 思考问题

（1）视频中的小宇为什么打人？

（2）如果你是小宇，你的反应会是怎样的？

生 1：小宇被同学说了。

教师追问：这种“说”带给小宇什么感受？

生 1：难堪、不好受、生气。如果我是小宇，我可能会尽量忍着，不搭理他们。

生 2：小宇受到了同学的冷嘲热讽。如果我是小宇，我也会跟对方打一架。

教师追问：小宇受到的这种对待，你可以用一个词语来描述吗？

生 2：语言暴力。

教师小结：谢谢这两位同学的分享。虽然视频中的小宇打人不正确，但他是因为受到班内某些同学的冷嘲热讽后一时没忍住情绪才打架的。而这种蔑视嘲笑、歧视性的声音就是语言暴力。正所谓“良言一句三冬暖”，我们与同学相处时，若能善意沟通、好好表达，则能减少很多人际冲突。那如何才能好好说话呢？我们今天就来聊聊这个话题——善意沟通。

二、团体转换阶段：你了解善意沟通吗

师：刚才的视频让大家都知道了什么是语言暴力，若要与同学友好相处，需要好好表达、善意沟通。那你们了解善意沟通吗？请大家看看下面这两组漫画。

1. PPT 呈现小女孩与母亲间的对话

第一组漫画的内容：

小女孩：我在学校做了一只小熊，结果搞砸了。

母亲：没有什么好哭的，不就是一只脚坏了吗？

第二组漫画的内容：

小女孩：老师让我们做陶艺，我做了一只熊，结果掉在地上，小熊的脚断了。

母亲拍拍她的背。

小女孩：我想了一些办法，还是不能弄好。

母亲：如果我在这种情况下，心情可能会很难过。

2. 思考问题

师：这两组漫画中哪组更像是善意沟通？为什么？

生 1：我觉得第二组漫画更像是善意沟通，因为感觉小女孩的情绪变好了。

生 2：我也觉得第二组漫画更像是善意沟通，因为第一组的母亲看似在回应、安慰小女孩，可是最后小女孩的情绪更糟糕了。

教师小结：看来不是说没有了冷嘲热讽就是善意沟通，正如这两组漫画，第一组漫画的母亲看似在回应、安慰小女孩，可在小女孩听来就是对她的不理解。善意沟通并不简单，有时候积极回应也并非善意表达，那我们要怎么做才能达到善意沟通的目的呢？我们一起通过下面环节修炼善意沟通的技能。

设计意图：通过漫画的形式让学生了解和认识到善意沟通并不简单，没有语言暴力也未必能做到、做好善意沟通，为下一环节“修炼善意沟通的技能”做好铺垫。

3. 修炼善意沟通的技能

师：现在我们一起来学习善意沟通的技能，修炼技能时请大家多思考、多观察，我们会有考核沟通技能的环节。

（1）技能 1——觉察：呈现男生垂头丧气的动图。

师提问：你从这张动图中观察到了什么？

生 1：我观察到他很沮丧。

生 2：我看到他好像很累的样子。

生 3：他看起来很失落，很不得劲。

师：大家观察得很仔细。觉察就是客观地观察并描述你所看到的结果，可以是观察他人的表情、肢体语言等。值得注意的是，觉察不仅仅是对他人的觉察，也可以是对自己的觉察。恭喜大家掌握了善意沟通的第一个技能。

（2）技能 2——感同身受：呈现小女孩喂猫的动图。

师：结合技能 1 你观察到了什么？你感觉到这个小女孩或者小猫此时的状态是怎样的？

生 1：我观察到她在拿猫粮喂猫，感觉此时的小女孩很开心。

生 2：我观察到她将猫粮弄成一堆放在了小猫的跟前，感觉此时的小猫吃得很安心。

师：感同身受，就是站在他人的角度设身处地去感受、理解对方的内心感受，而且感受是在自己观察的基础上形成的。恭喜大家掌握了第二个技能。

（3）技能 3——善意表达：呈现小女孩安慰小男孩的动图。

师提问：结合技能 1、2 你观察到了什么？你觉得这两个人此时的感受分别是怎样的？如果你走过去看到了他们，你想和他们说话，你该怎么说？

生 1：我观察到小男生在大哭，我感觉到他很难过，他的同学在拥抱并安慰他。我会说："你怎么了？需要我帮助吗？"

生 2：我观察到小男生特别伤心，我觉得他特别无助，小女孩很心疼他，不仅拥抱他还帮他抹眼泪。我会说："你是不是遇到什么难事了？我或许可以帮助你。"

生 3：我观察到小男生哭到喘不上气了，他肯定很伤心，小女孩很会安慰人。我也会走过去抱抱他，毕竟拥抱可以给予力量。

师小结：同学们都太厉害了，逐渐掌握了善意沟通的精髓。善意表达，是在观察、感受的基础上表达我们的善意，这种表达既可以是语言表达，也可以是肢体表达。

师提问：这三种技能中哪一个技能对你来说更有用呢？

生 1：我觉得技能 1，因为它是后面两个技能得以顺利发挥的基础。

生 2：我觉得技能 2，只有真正做到了感同身受才能完成善意表达。

生 3：我觉得都很重要，因为只有三者结合才能达到善意沟通的目的，这三者缺一不可。

师小结：只有这三个技能一起使用才能达到善意沟通的目的。刚才我们了解了善意沟通的三个技能——觉察、感同身受、善意表达，现在就让我们运用这三个技能去实现善意沟通吧！

三、团体工作阶段：运用技能

师：请派一名代表上台抽取你们小组的讨论情境，先独立思考并将结果写在学习单上，再与小组成员讨论分享。

善意沟通学习单

情境	觉察	感同身受	善意表达

1. PPT 呈现四个情境

情境一：期中考试成绩发下来了，同桌这次考试成绩不太理想，你的进步却很大，这时同桌说："唉……我可太难了。"然后他闷闷不乐起来。此时，你会如何运用技能与同桌善意沟通呢？

情境二：某天，你的好友向你吐槽："每天中午在宿舍午休，总有同学不睡觉吵到我，我怕说了她们，她们会觉得我事儿多而讨厌我。"作为好友，你会如何运用技能，帮助好友与舍友善意沟通呢？

情境三：某天，你发现舍友未经你的同意擅自用了你最喜欢的沐浴露，你打算如何运用技能与舍友善意沟通呢？

情境四：某天，你突然发现班上很多同学都很厉害，成绩排名都很靠前。再看看自己，突然感到"压力山大"，此时你会如何运用技能与自己善意沟通呢？

2. 小组派代表分享

组一：我们抽到的是情境一，我观察到同桌很失落，而我会纠结，不知道怎么去安慰。但我还是会尝试告诉他，我可以和他一起分析卷子，同时也分享自己的学习方法。

组二：我们抽到的是情境二，我会这样告诉好友，她可以先将自己的困倦（自我觉察的精神状态）和为难告诉不睡觉的同学，争取获得她们的感同身受，然后再以善意表达的方式与她们沟通："中午是午休时间，休息不好会影响到大家下午上课的学习效率，希望以后午休期间能有个安静的环境。"

组三：我们抽到的是情境三，我会这样和舍友说："你没有经过我的同意用了我的沐浴露（觉察），让我感到很不舒服（感受）。如果你喜欢这款沐浴露，希望你能在下次使用之前和我打声招呼。"

组四：我们抽到的是情境四，我观察到身边的人都很优秀，而我会很着急，那我会问问那些厉害的同学是怎么学习的，同时我也会努力学习，慢慢向他们靠拢。

师小结：在高中校园中总是充斥着各种各样的人际矛盾，但我们可以通过善意沟通技能好好说话，让自己和他人感到温暖，也让自己更有力量。

四、团体结束阶段

虽然我们今天的情境都是以高中同伴冲突为主，但这些善意沟通技能也可以用在与父母、老师的沟通上。希望同学们能带着这三个善意沟通技能在日常生活中和自己、父母、老师、同伴友好相处。

我该如何说“不”

何晓纯

【理论支撑】

一个不会说“不”的人常常是界限感不清晰的人，界限就是一个极限、范围或边缘。在心理层面，界限是对于自己与他人为不同个体的认知。一段良好的人际关系需要有边界感，即能够勇敢地说“不”。

【设计过程】

一、团体暖身阶段：热身游戏

介绍游戏“你敢唱反调吗”，并说明游戏规则：教师发出简单指令，指出五官名称，例如：鼻子，要求学生迅速反应，用右手触摸指定部位之外的其他部位（如耳朵），并回答：over。

教师随机发出指令：鼻子、耳朵、眼睛等，也可随机增加游戏难度，发出如脸蛋、左耳、睫毛、牙齿等指令，以增加游戏的趣味性。

二、团体转换阶段：认识你的心理界限

（1）呈现一则心理趣味小测试，让学生根据第一反应进行选择，并说明每个选择都无正确与否的差别，以便让学生放心去回答。

题目：假设现在你进入学校图书馆的自习室，发现考试期间的自习室座无虚席。但幸运的是有一张桌子比较特别，只坐了一个陌生的同学（坐在下图黑色标注的地方），现在还有剩余的 ABCD 四个位置供你选择，你会挑选哪个座位？理由是什么？

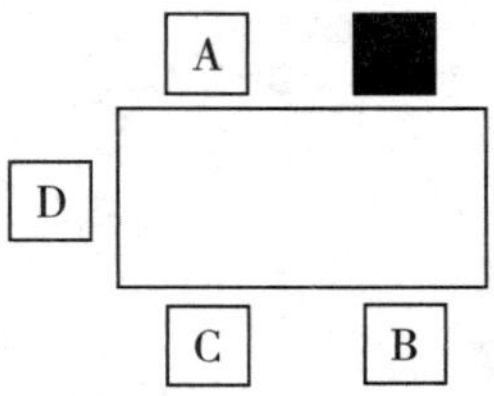

参考答案：选 A 或 B，在人际交往中比较主动积极，但有时会因过分的主动给并不熟悉的交往对象带来压迫感，造成适得其反的效果；其中 A 更为严重，要注意交往的尺度。选 C，这是一种较好的人际距离，能给交往对象带来舒适感，能准确把握人与人交往的尺度，做到交往有度。选 D，人际交往不够大胆主动，有退缩的倾向，可适当放开与主动。

教师小结：交往是人的生活基础，也是一个人保持个性健康和人生幸福感的必要前提。对同学们来讲，良好和谐的人际关系既能愉悦身心、提升幸福感，也能帮助你们认识和完善自我，促进个人健康成长。但是人际关系复杂而微妙，上述心理小测验就明确提醒我们：人际交往的空间距离要做到远近有别、亲疏有度。我们怎样做到根据彼此的亲密程度来确定界限，并开展有质量的交往呢？在你的人际交往模式中，是否会出现心理界限模糊的情况？

（2）认识你的心理界限：教师为学生呈现以下心理界限自测题目，学生根据自己的情况判断是否存在以下问题。如大部分情况自己均符合，思考自己在这方面存在的问题。

为了避免冲突，即使我内心不情愿，也表示同意。

我担心别人对我的看法。

因为很难拒绝别人，所以我认为自己有很多本不属于自己的责任。

如果我亲近的人拒绝我的要求，我会有强烈的不安和失望等不良情绪。

我认为别人的需求比我自己的需求更迫切。

如果我给他们划清界限，他们就会生气。

如果我告诉他们我的反对意见，他们以后就不会告诉我了。

小结：如果以上情况，你大部分符合，说明你在人际交往过程中与人界限较为模糊，这导致你不会拒绝别人，不会说“不”。而你不会拒绝别人，放宽自己的心理界限，本质上就是你也希望别人放宽对你的心理界限，容纳你、接受你。但在现实生活中，并不是所有人都能在关系中这样一比一地对待和交换。因此，认识自己的底线，看见自己的心理界限，是人际交往中的重要一课。

三、团体工作阶段：明确底线，学会拒绝

（1）书写“我的底线清单”：为了更好地帮助我们学会拒绝、学会说“不”，我们首先要认识到自己的底线在哪里。因此，一起来书写一下“我的底线清单”吧。

写下这个清单列表可以积累拒绝的勇气。每一条可以写五个以上。

1. 你希望别人不要对你做的事（如跟你说话时不要玩手机）。

2. 你希望别人不要对你说的话（如“你怎么这么懒”）。

3. 你愿意为别人做的事（例如借钱的金额）。

（2）当我们明确了自己的底线，知道自己想要什么、不想要什么的时候，我们就可以在别人对自己提出一些触碰底线的要求时有所觉察，并学会拒绝。当然，拒绝也是有技巧的，恰当的拒绝能够让双方都感到舒服。让我们通过以下情景模拟，来看看现实生活中我们可以如何拒绝他人吧。

情景一：有同学向你请教作业怎么做，但当时你在忙，没空帮其解答，你会怎么拒绝？

呈现不同的回答：

回答一：不好意思，我没时间。

回答二：等一下可以吗？等我写完这道题。

以上两个回答，你认为哪一个回答自己更能接受？或者你还有更好的回答方式吗？回答一显得有点不近人情、冷冰冰，而回答二会让我们觉得对方是情有可原的。因此我们可以学会拒绝的第一个技巧：拒绝时要陈述理由。

情景二：你的同学想抄你的作业，但你不想给 Ta 抄，怎么拒绝？

呈现不同的回答：

回答一：你也太没有原则了吧，连作业都抄？我不借。

回答二：我真的很想帮助你，但是这样做我的内心会不安，这个忙我帮不了，不如我们再想想其他办法吧。

请问在情景二中，哪个回答会让你听着更为舒服？回答一似乎带着一丝对他人的斥责，而回答二袒露了自己内心的真实感受，显得更为真诚，让人听着也更容易接受。因此我们可以学会拒绝的第二个技巧：拒绝时要真诚。

（3）学会说“不”。我们在沟通时可以学习非暴力沟通的方法，让沟通的过程更为顺畅与和谐。

非暴力沟通四部曲：

描述事实（观察）：我看到……（什么）

表达感受（感受）：我觉得……（难过、伤心、委屈……）

表达需求（需要）：我希望得到……（尊重、肯定、赞美……）

提出请求（请求）：你可以……吗（原谅我、夸夸我……）

情景三：教室里，学生小 A 买了一杯饮料，置于课桌上，学生小 B 从室外进来，不小心把桌上的饮料打翻了。小 A 生气地说：“你有毛病啊，干吗把杯子打翻？”小 B 应如何回应？

呈现回答范例：
（描述事实）我把你的饮料打翻了。
（表达感受）我感到很抱歉。
（表达需要）我希望你能原谅我。
（提出请求）我真的不是故意的，待会儿下课我去重新买一杯给你，行吗？

那么，如何把非暴力沟通的方法运用到拒绝他人的要求上面呢？接下来要考考大家是否能够灵活运用这种沟通方式了。

情景四：有一天你考试考砸了，想花更多时间去复习。而你的好朋友恰好想约你出去逛街，你不想去，你会如何利用非暴力沟通的方式去回应她？

呈现回答范例：
（描述事实）我这次考试考砸了。
（表达感受）我内心很着急、很难过。
（表达需要）我需要更多的时间去复习。
（提出请求）所以我下次再陪你逛街好吗？

运用非暴力沟通的方法去说“不”，你掌握了吗？这种方法既陈述了理由，也显得真诚，不失为与人沟通的好方法，希望你能掌握它、运用它。

四、团体结束阶段：创作“拒绝”小诗

随机邀请班上一组同学，根据教师提供的统一开头，集体创作“拒绝”小诗《当我学会说“不”》（提示：学生可以在画线部分添加自己的感受、想法、觉察和发现等，句式不必统一，发自内心地抒发即可）。

示例：当我学会说“不”，我感觉我变得轻松了。
当我学会说“不”，我________________。
当我学会说“不”，我________________。
当我学会说“不”，我________________。
…………

结语：愿每个人都拥有拒绝的勇气。

爱的五种语言——天使行动计划

吴培娟

【理论支撑】

高中生正处于16~18岁这个半成熟半幼稚阶段，与同伴的交往是这个时候的主要需求。渴望交往又不知如何交往是这个阶段的主要问题。本课针对学生渴望交往又不知如何交往进行实操性教学，教会学生如何与同伴交往。

【设计过程】

一、团体热身阶段

今天我们一起来聊聊同学间如何经营友谊。还记得两周前我们在心理课上抽取的卡片吗？你卡片上的同学是谁？你在两周内默默为Ta做过什么？今天我们一起来召开“会见秘密天使”发布会。

二、团体转换阶段

过去的两周，我们每个人都有一位“天使”，提问“被守护者”和“天使”。

（1）作为“被守护者”。

猜猜你的“天使”是谁？

你感受到来自“天使”哪些方面的守护？

被守护时，感受如何？

（有些同学说自己感受不到“天使”的守护，“天使”其实都在默默地保护大家，那“天使”做了些什么呢？）

（2）作为“天使”。

你为“被守护者”做了什么？

当你这么做的时候感觉如何？

三、团体工作阶段：讲解人际银行，寻找爱的五种语言

“人际银行”是心理学家黄维仁提出的。他认为，我们和每一个人的关系都

是人际银行中的一个情感账户，我们和对方的互动会改变这个情感账户存储的财富。如果我们的互动让彼此开心，觉得被欣赏、肯定或感受到爱，那么我们就是在这个情感账户中存款；反之，如果我们的互动让对方痛苦，觉得被批评、误解或伤害，那么我们在从这个情感账户中取款。情感账户中的财富越多，我们和对方的关系也越稳定。

（1）随机分享。在生活中，你还会通过哪些方式来给你和他人的情感账户存款？对于不同的人，我们用同一种方式来存款，产生的效果是一样的吗？怎么能更好地给友谊存款，我们一起来看爱的五种语言。

（2）爱的五种语言。在天使行动中，有些“天使”明明守护了对方，而“被守护者”却感受不到。请问：你是用对方喜欢的方式还是你喜欢的方式为对方存款呢？就像你喜欢喝可乐而对方喜欢喝奶茶，你会送对方奶茶还是可乐呢？

爱的五种语言

（3）发现爱语。发现自己爱语的方法：常向对方表达爱的方式是什么、你常对别人提出请求的方式是什么、排除法。

发现对方爱语的方法：对方常向他人表达爱的方式是什么、对方常提出的请求是什么 / 抱怨是什么、五种言语观察实验。

（4）友谊存款的方法。问对方如何能成为更好的伙伴；定期提出一个不具威胁性、明确、对方能办到的请求；给予对方正面的回馈和肯定；继续表达爱，讨论如何进一步互动。

（5）刚才大家都表达了守护的方式，在这两周的时间里你观察到了对方有什么优秀的品质？你有什么话想对“被守护者”说的？请你伴随着音乐写下来。

①请你在小卡片上写下你观察到的 / 了解到的“被守护者”的某些优秀的 / 你所欣赏的特质，越具体越好。

②请你写上对“被守护者”的祝福和鼓励。

③右下角签上你的名字。

④伴随音乐的响起，第一轮：请把卡片送给“被守护者”；第二轮：请把手里的礼物送给默默守护你的那个人，并用今天所学的知识对友谊进行存款。

⑤请同学分享收到礼物的感受。

四、团体结束阶段

能结交到亲密的朋友是一种幸福，拥有一个对自己有深刻而良好影响的朋友则是人生的幸运。掌握爱的五种语言，让友谊的小船越行越远。

附录

爱心天使守护观察记录表

班级：　　　　　姓名：　　　　　被守护者姓名：　　　　　得分：

观察到的被守护者的情况（包括言行、举止、行为、习惯等）		对被守护者具体的守护行为（包括言语、行为等）	
第一天		第一天	
第二天		第二天	
第三天		第三天	
第四天		第四天	
第五天		第五天	
第六天		第六天	
第七天		第七天	
第八天		第八天	
第九天		第九天	
第十天		第十天	
第十一天		第十一天	
第十二天		第十二天	
第十三天		第十三天	
第十四天		第十四天	
观察和守护心得：			

你的孤独，虽败犹荣

何晓纯

【理论支撑】

孤独感是一种封闭心理的反映，是感到自身和外界隔绝或受到外界排斥所产生的孤伶苦闷的情感。这是在日常交往中产生的一种冷落、寂寞和被遗弃的心理体验，是一种消极的情绪表现。2019 年，在欧洲的一项环境风险纵向双胞胎研究中，研究者调查了在英格兰和威尔士出生的 13～18 岁的 2 232 名青少年的孤独感。结果显示，有较多孤独感的青少年有下列特征：出现更多的心理健康问题；更频繁地做出危险行为；使用更多的消极策略来应对压力；经历更多的欺凌和社会孤立事件；青少年的孤独似乎与社会经济地位和家庭背景无关。青春期的孩子需要同伴的认可，也需要成人的帮助。要让孩子感受到与他们自己、与其他人、与这个世界的联结，可以帮助他们更好地应对孤独，让他们感受到自己不是一座孤岛。

【设计过程】

一、团体暖身阶段：看见孤独——你听到了什么

（1）教师要求全班同学保持安静，以最舒服的姿势坐着，静静地闭上眼睛，保持稳定的情绪状态。

（2）播放一段提前录制好的关于孤独的独白。

深夜的黑暗中，我独自一人坐在床边，翻看着今天写下的日记，思绪万千：

我坐在拥挤的教室，站在沸腾的操场，穿过喧闹的城市……每天做很多事，但都抵挡不过内心巨大的荒凉。也许，我的心里，住着一个苍老的小孩。

是啊，常常感觉，我的内心充满了无尽的忧伤和孤独，仿佛整个世界都与我格格不入。我的心情像黑夜里的月亮，阴晴不定，时而清晰明亮，时而暗淡无光。

我的心灵一片漆黑，没有任何曙光。我想起了曾经许下的承诺，但现在觉得是个笑话。我感到自己失去了方向，也许我应该放弃了。我闭上了双眼，试图逃

离这种痛苦。

但是，我知道这只是一时的迷惘，我必须振作起来。我开始回想那些美好的回忆，让它们渐渐地填满我的灵魂。我渐渐地找回了自信和勇气，决定再次出发。虽然前方的路还很遥远，但我会一步一个脚印地走过去。

深夜的寂静里，我抬头仰望天空，在星河中寻找属于自己的光芒。今晚的emo已经结束了，希望明天的我能重新站起来，笑对这个世界。

（3）独白分享结束，学生睁开眼睛，教师认真询问学生：从这段独白里听到了什么？主人公发生了什么事情？主人公的感受是什么？给你带来了什么感受？现实生活中我们有没有这种感受？

（4）学生自愿分享对于该段独白的感受，从而引出本节课主题：你的孤独，虽败犹荣。

二、团体转换阶段：理解孤独——孤独的意义

（1）解释孤独感的概念：孤独感是指当我们的社会关系在某些重要的特征方面存在缺失时，主体所体验到的不适感觉。

（2）教师呈现网络上盛传的“孤独等级排行榜”。

第一级：一个人去逛超市
第二级：一个人去快餐厅
第三级：一个人去咖啡厅
第四级：一个人去看电影
第五级：一个人吃火锅
第六级：一个人下棋
第七级：一个人去 KTV
第八级：一个人去看海
第九级：一个人去游乐园
第十级：一个人搬家
骨灰级孤独：一个人看病
崩溃级孤独：一个人做手术

询问学生，你体验过第几级别的孤独感？在日常学习、生活中，什么时候我们会产生孤独感？你喜欢这种感觉吗？为什么？你认为孤独有没有意义？（教师给予学生时间，进行自由讨论和分享。）

（3）小组派代表进行分享，教师把学生的回答按照“积极意义”和“消极意义”进行分类。同时教师分享关于孤独感的研究以进一步加深学生对孤独的理解。

三、团体工作阶段：战胜孤独——纸飞机的烦恼

（1）教师为每位学生发放一张彩色 A4 纸（颜色随机），让学生回忆一件让自己产生孤独感的事件以及自己当时的感受，写在纸张上，并在纸张上标注自己独特的印记。

（2）学生把彩色纸折成飞机形状，教师发布口令，全体学生在教室中间同时放飞自己的飞机。现场每位学生随机捡起一架纸飞机，翻开查看飞机上的孤独事件。

（3）每位学生随机捡到纸飞机后，认真地对他人的孤独事件进行回应，可针对该孤独事件，提出具体可行的建议，或写下暖心的话语，或画下治愈的画，或为纸飞机的原主人力所能及地做一件温暖的事等，给他们提供力量。

（4）把纸飞机还原，交到原主人手中。

四、团体结束阶段：享受孤独——学会与孤独共处

（1）小组成员合作创作，每个小组发放一张 A3 白纸和一份彩笔。

（2）第一轮作画：以“孤独像什么”为主题进行个人作画，小组每个人自行根据自己对“孤独”的理解在画纸上寻一处地方，画下自己认为的“孤独”的样子，将“孤独”具象化。绘画的过程中不对他人的绘画进行评判，自己画自己的即可。

（3）完成第一轮绘画后，每个小组成员轮流认真地欣赏自己小组的画作，不做批判，仅用心感受。

（4）第二轮作画：以“我们在一起”为主题进行集体作画，小组每个人对其他人第一轮作画的部分进行再加工。可小组共同商量创作，小组成员也可自行根据自己的感觉进行创作，最终使得这幅画变成一个完整的作品，并为这幅画起一个名字。

（5）小组进行简单分享。

结语：尽管孤独感在生活中常有，但它并不是没有意义的，去发现孤独感背后的需求，去认真感受：我们在一起，也很好。

【延伸拓展】

2018 年英国 BBC 广播公司和英国三所大学，以及一家医疗主题博物馆（Wellcome Collection）联合主持一个“孤独实验（The Loneliness Experiment）”项目，在全球范围内调查人们关于孤独的心理感受。

此次实验共有来自 237 个国家和地区的 55000 人参与，是史上最大规模的针对孤独现象的调查。2018 年 10 月，BBC 发布了调查结果。项目发起人 Claudia

Hammond 总结了 5 个关于孤独的真相：

（1）年轻人比老年人更容易感到孤独。16 ~ 24 岁的人比任何其他年龄组都更经常、更强烈地体验到孤独，这种模式在每个国家都类似。

（2）孤独的人的社交技能并不差。研究认为，孤独感高的人不是因为社交技能差而不社交，只是难以应对社交场合中的焦虑，而不想去社交。

（3）相比于男性，女性更容易因为孤独而感到羞愧，因此也更容易隐瞒自己的孤独感，不过羞愧感会随年纪增长而降低。

（4）常常感到孤独的人更具同理心。调查显示，在生理疼痛方面，孤独的人和不容易孤独的人在同理心方面差别不大。在社会疼痛方面（比如遭到排挤、被欺凌、感情受挫），容易孤独的人具有更强的同理心。这可能是因为他们体会过类似的痛苦，因此对相同处境的人更有同理心。

（5）积极独处的人并不一定孤独。超过 80% 的人表示自己喜欢独处，一个人做些自己喜欢的事情，而他们中的 30% 表示，独处久了也会感到孤独。可见独处可能是有益的，只要青少年独处的时间不要太多就行了。

通过学习和讨论，此刻学生对孤独感有了更深刻的认识。孤独感既有积极的影响，也有消极的影响。那我们该以怎样的态度来对待孤独感，以使之更有利于我们的学习和生活呢？

非暴力沟通：用语言构建好关系

马妙璇

【理论支撑】

非暴力沟通（Nonviolent Communication，NVC），由马歇尔·卢森堡（Marshall Rosenberg）于1963年提出。马歇尔是一位临床心理学家，他在观察人际关系、冲突处理和社会动态的过程中，逐渐形成了这一理论。非暴力沟通的四个要素：观察+感受+需要+请求。

【设计过程】

一、团体暖身阶段：情景体验

同学们，你有没有发现，在人际互动中，有的人很善于表达，他们说话总能让人感觉很温暖和舒服，他们的人缘也很好；而有的人却很不善于表达，他们说话容易惹别人生气，导致人际关系紧张，自己也很苦恼。

例如，学习生活中的情景：这个星期，小A的数学作业连续没交被老师批评。面对这个情形，他的同学小B和小C分别对他说——

小B：你总是完不成数学作业，你的数学能力也太差了吧。

小C：你昨天和今天都没有交数学作业，是不是遇到困难了？我担心你会落下功课，我希望我们能一起进步，如果你愿意，我可以和你一起讨论学习，一起完成数学作业，你愿意吗？

面对小B和小C的表达，你觉得小A更喜欢谁的表达？为什么？

同一情景，不同语言表达会带来不同的效果，好的表达能传递关爱，让对方感觉舒服，促进友情。不好的语言表达会伤害对方，引起冲突，破坏关系。今天，我们一起来学习“非暴力沟通”的语言技巧，恰当表达，减少冲突，改善关系，享受人际与生活的美好。

二、团体转换阶段

1. 非暴力沟通的语言和容易引发冲突的暴力语言的特点

非暴力沟通的语言传递关心、理解、支持、希望、爱等，可以促进关系。

容易引发冲突的暴力语言传递贬低、讽刺、嘲笑、指责等，容易破坏关系。

我们都希望拥有良好的人际关系，那么，你能够恰当表达，有效传递关心、支持、理解、希望和爱吗？

2. 尝试沟通

晚自习结束后，小甲回到宿舍一直捧着书在看，十点多了还没洗澡。宿舍同学小乙对小甲说……

请同学尝试扮演小乙与小甲积极沟通。并请小甲体会小乙的话带给自己的感受。

我们都希望好好沟通，让宿舍生活更加美好，从小甲的反馈中，我们可以看到有的同学做到了有效沟通，有的同学沟通效果还不尽如人意。

其实，非暴力沟通是有技巧和方法的，下面就来学习非暴力沟通的表达方法和步骤吧。

三、团体工作阶段

非暴力沟通是由美国临床心理学家马歇尔·卢森堡创立的一种沟通理论和技巧，旨在建立深度、真诚、尊重的人际关系，化解冲突，减少暴力和敌意，以和平的方式满足彼此的需求。这种沟通方式强调的是以同理心、真诚和关注他人需求为基础，避免指责、批判和创造敌意的言辞，以建设性和积极的方式交流。非暴力沟通有四个重要的组成部分，也是其核心理念：

观察（Observation）：客观地描述情境，避免评价、判断或解释，集中于客观事实。这有助于消除误解和争端的根源。

感受（Feeling）：表达我们对观察到的情境的感受，强调以“我感到……”开头，而非责怪他人。这有助于让对方了解我们的感受。

需求得到满足或未得到满足所常见的感受参考：
兴奋、喜悦、欣喜、甜蜜、精力充沛、兴高采烈、乐观、自信、开心、快乐、幸福、陶醉、满足、安全、踏实、自在……
害怕、担心、焦虑、着急、紧张、忧伤、心烦意乱、烦恼、苦闷、泄气、绝望、困惑、孤独、难受、萎靡不振、麻木、尴尬、惭愧、内疚、遗憾、羡慕嫉妒恨……

需求（Need）：表达导致我们感受特定方式的需求，即我们的愿望、期望、价值。通过表达需求，可以更清晰地传达我们想要什么。

人类共通的一些基本需要：
自主、休息、接纳、爱、尊严、欣赏、健康、选择、美、身体活力、成长、开放、自由、友谊、激励、服务生命、放松、归属、合作、陪伴、包容、可靠性、方向、责任、尊重、学习、成就、内外一致、价值、平等、乐趣、安全、认可、信心、和谐、互助、自我表达、公平、力量、诚实、支持、平静、勇气、沟通、贡献、肯定、信任、被看见、玩耍、效率、责任、理解、被听见、哀悼、清晰

请求（Request）：清晰、明确、有礼貌地请求他人满足我们的需求。这是一种邀请，而非命令。

这四个组成部分共同构成了非暴力沟通的框架，帮助人们创造性、真诚地表达自己，理解他人，以及找到共同的解决方案。通过这种方式，鼓励人们将焦点从评判和指责他人转移到倾听和理解他人，以实现更深层次的人际连接与和谐关系。

1. 语言对关系的影响

“你能不能不要整天板着个脸，搞得自己高高在上一样。”听到这句话，你是什么感觉？你还愿意靠近 Ta 吗？我们可以进入该情景，运用非暴力沟通的语言，构建好关系。

你能不能不要整天板着个脸，搞得自己高高在上一样。			
	步骤	表达	好处
非暴力沟通的语言	第一步：清晰表达你的观察，也就是说事实，而不是评论	观察：你今天从上午到现在脸上都没有笑容	不会引起争议，容易达成共识，避免人际冲突
	第二步：清晰表达你的感受，用情绪的形容词来表达，而不是想法	感受：看到你没笑容，我感到……	自己的感受是真实的，也不会有争议性
	第三步：清晰告诉对方你的需要，你的哪些需要未被满足，导致你产生上述的感受	需要：我希望……	让对方更了解我们的需要；同时，对方也能了解到 Ta 给别人带来的影响
	第四步：清楚提出你的请求，直接告诉对方，应该怎么做	请求：你愿意说一下你的感受或想法吗？在你高兴的时候也可以笑一笑，这样我就不会那么紧张了	耐心的表达，让对方足够理解你的需要，更容易接受意见和建议
参考：你今天从上午到现在脸上都没有笑容。看到你没笑容，我感到很紧张。我希望有一个轻松的环境，没笑容会让我觉得我们很有距离，很拘谨。你愿意说一下你的感受或想法吗？在你高兴的时候也可以笑一笑，这样我就不会那么紧张了。			

2. 学以致用：小组展演

演绎宿舍情景，使用非暴力沟通的语言进行有效沟通。

（1）客观描述具体做了什么？

（2）你的情绪是什么？

（3）你的什么需求没有被满足？

（4）告诉对方可以怎么做 。

小组展示时，其他同学认真观察，使用非暴力沟通的语言给予反馈。

<table>
<tr><td colspan="4">情景：晚修后，小甲回到宿舍一直捧着书在看，十点多了还没洗澡。</td></tr>
<tr><td rowspan="5">非暴力沟通的语言</td><td>步骤</td><td>表达</td><td>好处</td></tr>
<tr><td>第一步：清晰表达你的观察，也就是说事实，而不是评论</td><td>观察：____________。</td><td>不会引起争议，容易达成共识，避免人际冲突</td></tr>
<tr><td>第二步：清晰表达你的感受，用情绪的形容词来表达，而不是想法</td><td>感受：我感到______。</td><td>自己的感受是真实的，也不会有争议性</td></tr>
<tr><td>第三步：清晰告诉对方你的需要，你的哪些需要未被满足，导致你产生上述的感受</td><td>需要：我希望______。</td><td>让对方更了解我们的需要；同时，对方也能了解到 Ta 给别人带来的影响</td></tr>
<tr><td>第四步：清楚提出你的请求，直接告诉对方，应该怎么做</td><td>请求：你可以______吗？</td><td>耐心的表达，对方足够理解你的需要，更容易接受意见和建议</td></tr>
<tr><td colspan="4">参考：还有十分钟就要关灯睡觉了，你还没有洗澡，我有点着急，怕你一会来不及洗澡就要关灯了。我希望能按时关灯睡觉，如果关了灯你再去洗澡，可能会打扰我们休息，还可能会被宿管老师批评。要不你先去洗澡，洗完澡如果还有时间再继续看书，可以吗？</td></tr>
</table>

四、团体结束阶段

今天，我们意识到了沟通中容易引发冲突的暴力语言现象有：贬低、指责、嘲讽、攻击 ；非暴力沟通的语言可以传递关心、理解、温暖、爱、希望；我们学习了非暴力沟通的四个步骤：观察—感受—需要—请求；我们可以运用非暴力沟通的语言减少冲突、改善关系，享受人际交往的乐趣。

第三章

洞见智慧的学习

《中小学心理健康教育指导纲要（2012 年修订）》指出，高中年级心理健康教育目标是要帮助学生培养创新精神和创新能力，学会时间管理，掌握学习策略，开发学习潜能，提高学习效率，积极应对考试压力。基于此，本章设计了“提升自控力　高效学习”“如何面对学习成绩的波动”等主题心育课例。

提升自控力　高效学习

肖　涵

【理论支撑】

学习是一个人终生都要面临的任务，而对于高中时期的学生来说，提升学习自主性、注重自控力培养、具备掌控自我行为方向的能力尤为重要。我们只有在此基础上才能更好激发个人学习潜能，高效学习。

【设计过程】

一、团体暖身阶段——创设情境，自我评估

1. 观看动画《闹钟》，情景体验

旭日初升，温暖的阳光穿过窗户照进屋内，新的一天如约而至。男主人公在闹钟铃声的“狂轰乱炸”下醒来，又在困意中睡着，循环往复地和瞌睡虫做着持久性的斗争。最终男主人公被自己的困意打败。你是否能对他的经历感同身受？每天早晨的起床都是一场战争。每个凌晨精神抖擞，每个早晨起床生不如死，无法打破“再睡五分钟”的魔咒，也无法克制熬夜的念头。

2. 简式自我控制量表自评

（1）我能很好地抵制诱惑。

①非常不同意　②不同意　③普通　④同意　⑤非常同意

（2）大家说我有钢铁般的自制力。

①非常不同意　②不同意　③普通　④同意　⑤非常同意

（3）我能为了一个长远目标高效地工作。

①非常不同意　②不同意　③普通　④同意　⑤非常同意

（4）我会做一些能给自己带来快乐但对自己有害的事。

①非常不同意　②不同意　③普通　④同意　⑤非常同意

（5）有时我会被有乐趣的事情干扰而不能按时完成任务。

①非常不同意　②不同意　③普通　④同意　⑤非常同意

（6）有时我会忍不住去做一些明明知道不对的事情。

①非常不同意　②不同意　③普通　④同意　⑤非常同意

（7）我常常考虑不周就付诸行动。

①非常不同意　②不同意　③普通　④同意　⑤非常同意

请你根据日常自身感受、反应及认同程度进行作答，非常不同意计 1 分；不同意计 2 分；普通计 3 分；同意计 4 分；非常同意计 5 分。总分就是各题得分总和，得分越高说明你的自控能力越强。

你的自控能力如何呢？学习期间是否常常感觉需要做的任务不想做，不能做的事情干劲足，最终导致想要达成的目标无法实现？如果我们能够有意识地提升自控力，做到克服冲动、抵抗诱惑、掌控自己的行为，就能更好地规划我们的学习生涯，实现心中目标。

二、团体转换阶段——棉花糖实验，探索诱惑

1. 棉花糖实验

1966 年，斯坦福大学心理学家沃尔特·米歇尔博士在幼儿园进行了关于自制力的一系列心理学经典实验。其中，最为大家熟知的是棉花糖实验。米歇尔博士将一群 4～5 岁的小朋友单独带到实验房间里进行实验。实验者在孩子的面前放一块棉花糖，并告诉孩子："你可以选择马上吃掉，但是，如果你愿意再等待 15 分钟，就可以得到两块棉花糖。"说完以后，实验者就离开房间，留下这个孩子自己待在房间里。在该实验中只有三分之一有耐心的孩子为了更长远的利益，选择了延迟满足自己的冲动。在随后 30 年的跟踪调查里，研究人员发现，当年更能忍耐和克制的小朋友，通常也具有更好的人生表现。因此米歇尔博士认为，一个孩子在小的时候体现出来的自控力和延迟满足能力，能够影响他成年以后所获得的人生成就。自控力越强的人越能抗拒眼前诱惑，立足长远目标，从而越能取得成功。

经过时代的发展，棉花糖实验也在不断地被后代学者重演和优化。泰勒与同事们选择了更大的样本，并对这些孩子进行了 10 年以上的追踪观察。研究者发现，家庭收入水平为影响孩子延迟满足能力的重要因素，家庭收入水平较低的孩子更不愿意等待第二块棉花糖。与此同时，美国加州大学圣地亚哥分校和浙江理工大学在中国对 273 名儿童进行了棉花糖实验拓展研究，发现儿童延迟满足行为受声誉影响，他们会为了给他人留下好的印象而调整自己的行为。

综上，我们小时候的延迟满足能力并非日后成功与否的衡量标准，成功受诸多因素影响。但这并不意味着自控力和延迟满足能力对我们而言不重要，它仍然是我们需要培养和掌握的重要能力。自控力不仅仅与我们的学习息息相关，还影响着我们的身体健康、社会关系、职业发展等诸多方面。

2. 诱惑盘点图

请同学们思考在学习过程中你容易受到哪些事物诱惑，从而影响你的学习状态。请将诱惑因素绘制在圈圈里，诱惑越大圈圈越大。

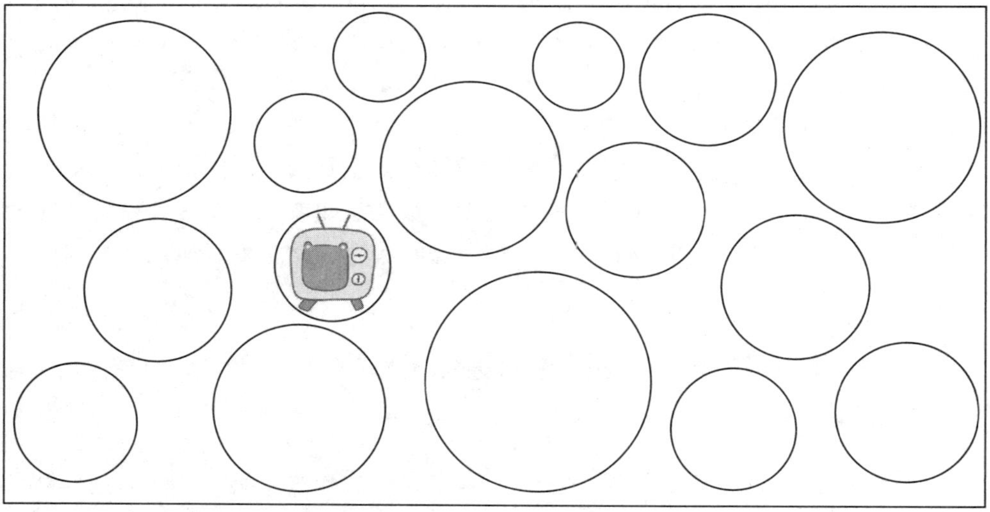

很多时候拥有直面问题的勇气也是件极棒的事，我们在这个过程中充分觉察问题才能更好地反思与成长。请你根据自己的诱惑盘点图，设计一款产品来帮助自己抵抗诱惑，提升自控力。

产品设计图	产品名称： 产品介绍： 使用说明：

教师小结：我相信，各位同学对自己这段时间的学习状态都有了一些盘点和反思，也就自控力问题的解决方案进行了初步探索。但是学习是考验耐力的长跑，在因为收获而欣喜的同时也可能反复拥有烦躁、焦虑、无聊等情绪体验。所

以，如何提升自控力以实现高效学习需要我们更进一步的探索。

三、团体工作阶段——锦囊妙计，优化自控力

自控力与大脑的前额皮质紧密相关，前额叶通常被称为人类大脑的“脑中脑”，它能够驾驭“我要做”“我不要”和“我想要”这三种力量，促使我们克服拖延、抵抗诱惑、实现心中目标。

与此同时，心理学家罗伊·鲍迈斯特提出了“自我控制有限资源理论”，该理论认为我们大脑的自我控制能量是有限的。当出现众多事物干扰时，就会出现自我损耗，导致自控力降低。所以，提升自控力就需要我们打造少诱惑、低负荷的学习环境。

1．调整呼吸，放松大脑

从生理基础来说，我们大脑注意力的维持时长是有限的，所以我们首先需要科学放松大脑，维持注意力，优化自控的生理条件。而研究表明，每天进行 20 分钟放慢呼吸的练习，尽可能放慢呼吸速度，每次呼吸用 10～15 秒时间，就可以有效激活前额皮质、提高心率变异度，帮助我们集中注意力以更好应对压力，从而调整自控力状态。

2．实行断舍离，营造自律环境

整洁干净的学习环境更利于我们专注当下的任务，所以我们需要学会对学习环境进行断舍离。不过多购买不需要的文具用品；清理书桌桌面，保持整洁，书桌上除学习资料外，不摆放其他物品；在家学习期间尽可能隔绝诱惑因素，例如手机、电脑、零食或者小猫、小狗，从而减少学习干扰；定期整理课本、习题、试卷等学习材料，分门别类便于查询。

3．制定日程清单，减少记忆负荷

将每日需要完成的事情用纸笔罗列出来，减少大脑需要记忆的负荷。同时大脑倾向于完成一些有及时反馈的任务，所以需要我们将列表里每项任务化整为零，将学习任务分成几个小目标，逐步击破，以此帮助减轻心理压力。根据自我犒赏机制，我们还可以对照清单，每完成一项就打一个钩，从而激发行动的内在动力。值得注意的是，设定合适的目标只是提升自控力的开始，我们还需要随时监控自己的行为是否符合实际情况，一旦发现不合理的部分，就需要及时调整自己的目标和计划。

4．善用番茄工作法，有效管理时间

番茄工作法是弗朗西斯科·西里洛提出的一种简单易行的时间管理方法，即学习 25 分钟让自己休息 5 分钟，然后再继续下一个番茄钟，直至第四个番茄钟后，休息 25 分钟，如此循环至学习任务完成。研究发现人的注意力无法长时间维持，专注时间越长，人的记忆力、理解力越差，但短暂休息可促使其快速恢

复。合理使用番茄工作法，可以帮助我们集中注意力，唤醒激励机制，提升学习效率。

四、团体结束阶段

人生总会有很多难题，只有开始才能对抗虚无，唯有行动才能解除不安。愿你意志顽强，扬帆起航，乘风破浪，不负韶华！

如何面对学习成绩的波动

黄　蓉

【理论支撑】

学习成绩受多种因素影响，其中努力程度、动机水平、学习策略、考试难度、现场表现等都是重要影响因素。合理面对成绩波动，有利于学生保持学习兴趣和自信心。

【设计过程】

一、团体暖身阶段：学业进阶之旅

（1）游戏规则介绍：所有人的初始状态都是小学生，需要保持蹲着的姿势。游戏开始之后，同学之间自由猜拳，一局决胜负。赢的人可以晋级，输的人要降级。不同等级对应不同的动作，分别为：小学生——全蹲；初中生——半蹲；高中生——弯腰；大学生——直立。

（2）游戏时间 3 分钟，结束之后请大家保持当时的姿势，并分享游戏感受。

（3）总结：游戏中大部分同学都有输有赢，体验到身份的晋升和降级。就如我们的学习成绩，也总是会起起伏伏。这个学期你经历了成绩波动吗？

二、团体转换阶段：制作成绩曲线图

（1）取一张 A4 纸，绘制坐标轴（如图所示）。

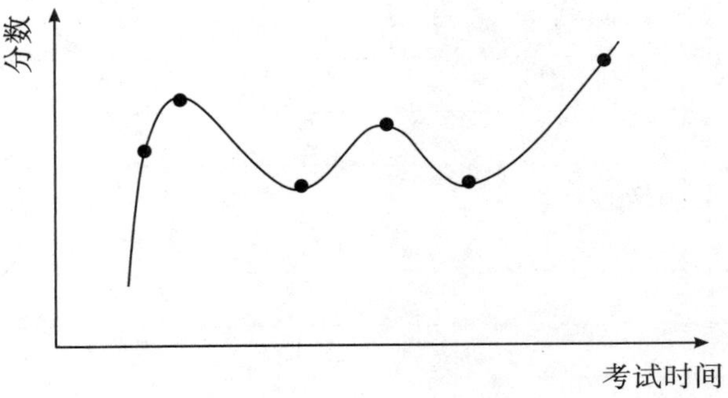

选择一个时间作为横坐标起点，总分数作为纵坐标，把几次大考成绩标记在坐标轴中，并用曲线连接。

（2）原因分析。从优势与不足两方面对每次成绩进行深入分析，写在作业单中。

三、团体工作阶段：精准突破

1. 我的经验

回顾自己的求学生涯，你肯定也经常遇到成绩波动，那个时候你会怎样调整自己呢？对于那些造成成绩下降的因素，你有哪些方法可以应对？

请你根据自己的过往经验，参考原因分析，寻找成绩波动时行之有效的应对方法。

2. 群策群力

进行小组讨论，对于一时找不到应对方法的难题，请小组同学一起帮忙想办法。

讨论结束后，小组同学一起总结出造成成绩波动的常见因素，以及大家都认为比较可行的应对方法，进行课堂分享。

四、团体结束阶段：制作我的成绩管理手册

听完同学们的分享，大家肯定觉得很有收获。让我们将好的方法进行整理，等下次需要的时候可以随时选用。

请同学们在成绩曲线图的背面，对影响自己成绩的因素和行之有效的应对方法进行整理，形成自己的成绩管理手册。

造成我成绩波动的因素：

1. ________________

2. ________________

3. ________________

可以继续保持的做法：

1. ________________

2. ________________

3. ________________

可能会有效果的做法：

1. ________________

2. ________________

3. ________________

攻克“时间黑洞”

吴沁吟

【理论支撑】

四象限法则是时间管理理论的一个重要方法，即有重点地把主要的精力和时间集中地放在处理那些重要、紧急的事情上，按照轻重缓急安排任务。焦点解决短期治疗的奇迹问句可以带领当事人思考如何由目前的处境向愿景靠近一步，增强其改变动机。

【设计过程】

一、团体暖身阶段

1. 调查活动一：我的五指

规则：我们一起做一个关于学习时间的调查。请举起你的右手，张开五指。如果出现与你实际情况不符的句子，请你收回一根手指，五题过后，我们来看一看大家的情况如何。

1. 我几乎每天都能够完成老师规定或我自己规定的所有学习任务。
2. 我几乎每天都可以保持较为充沛的精力。
3. 我很清楚我的时间都花在哪儿了。
4. 学习期间，我不容易受到外界（例如微信、QQ 等手机软件）的干扰。
5. 我在做事时，可以做到全身心投入。

2. 调查活动二：分享环节

学生之间可相互进行分享，再邀请个别学生对自己目前的学习时间管理情况进行分享：自己目前还剩几根手指？在做“我的五指”游戏时，你的脑海中会浮现哪些学习画面？

二、团体转换阶段：观看《时间都去哪儿了》视频

我们都知道宇宙空间中的一种天体——黑洞，会吞噬邻近宇宙区域的所有光线和任何物质。我们的时间管理当中，有时也会出现“时间黑洞”，不知不觉偷走我们的时间，下面请同学们观看《一年一度喜剧大赛》片段——《时间都去哪儿了》，边观看边思考以下问题：

（1）影响主人公工作进度的“时间黑洞”有哪些？

（2）这些“黑洞”影响过你吗？它常在什么时候出现？你是否与之对抗成功？如否，为何难以抵抗？

总结：我们会发现学习时间不够用，很多时候是“时间黑洞”在悄悄吞噬着时间，“时间黑洞”的产生源于我们的大脑喜欢做简单或有趣的事情，相比较于写作业，刷朋友圈更加简单，所以我们就会在不知不觉中陷入“时间黑洞”，时间也就被悄悄吞噬。等恐慌感袭来的时候，我们才突然意识到“我得赶紧把作业写完”。这不仅没能够高效地学习、工作，还浪费了休息时间，那我们该如何攻破“时间黑洞”呢？

三、团体工作阶段：时间管理攻略

1. 活动一：认识“时间黑洞”，记录我的时间表盘

时间黑洞，顾名思义，它会永无止境地吞噬你宝贵的时间。

要管理时间，得先知道它是怎么被吞噬的。时间表盘就像我们记录自己的支出一样，忠实地记录着我们的时间都花在何处，帮助我们分析自己时间投入的产出比，也可以用于找到我们最高效的时间。

（1）请大家先在学案上写下自己认为每天花费在“集中精力学习”“无意义浪费时间”“真正的休息”上的比例，如 50%、30%、20%。稍后我们再来做对比，看自己的预估与实际是否一致。

（2）邀请学生使用学习单对现有时间花费进行记录分析，对表盘的每一个部分写明事项名称（外圈），并按照“集中精力学习”“无意义浪费时间”“真正的休息”归类统计（内圈），数一数各类时间的占比，再次进行记录。

我的时间表盘

预估时间分配比例：

1. 集中精力学习：________%
2. 无意义浪费时间：________%
3. 真正的休息：________%

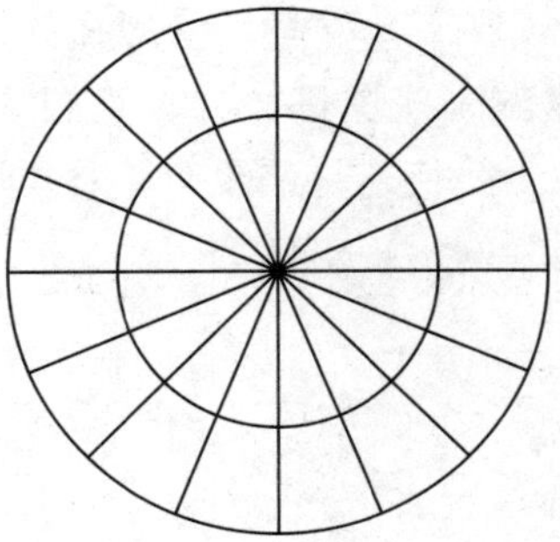

实际时间分配比例：

1. 集中精力学习：________%

2. 无意义浪费时间：________%

3. 真正的休息：________%

（3）你认为目前的时间安排足够完成你高中想实现的目标吗？“无意义浪费时间”为何会出现？我们很多时候会发现，这样的时刻常常是我们感觉接下来要做的事情很无趣或有些困难的时刻。

2. 活动二：转换思维应对“时间黑洞”

转换思维，克服畏难情绪。做一件事之前问自己“如果做到会怎么样”会比总问自己“我该怎么做”更有执行的欲望。我们一起来体验探索一下，自己思考的同时，也把你的答案写在学案上。等会我们也请同学来分享一下。

（1）如果10分代表你现在的时间利用效率非常完美，0分代表非常糟糕，请给你现在的状态打分（0~10分）________。

（2）我们知道10分的完美状态较难达到，如果需要达到你较为满意的学习状态，你认为时间利用效率应该达到几分？（0~10分）________。

（3）如果你达到了第2题的分数，你的生活与学习上将会发生一些变化，“我的学习和生活会发生__________、__________、__________等变化”。

3. 活动三：避开“时间黑洞”的策略

（1）玻璃瓶实验（四象限法则）——避开“时间黑洞”的共性策略。

师：我这里有一个空置的玻璃瓶，还有四样东西：高尔夫球、小石头、沙子、快乐水。需要大家思考一下按照什么样的顺序才可以把它们全部都放进去。

生：高尔夫球、小石头、沙子、快乐水。

师：我们会发现当有好几个不同的东西叠加在一起，需要放进同一个容器时，我们会考虑一下它们放置的顺序，时间管理也是一样。当我们需要把每天的时间都利用起来的时候，就意味着我们需要按照一定的先后顺序安排任务，即先做紧急且重要的事情，再做其他事情。尝试在你的时间表盘具体事件上做一些标记分类（用数字1、2、3、4进行标记）。

（2）避开“时间黑洞”的个人策略。要想在我们目前时间利用效率分数的基础上进步 1 分，我们可以做哪些调整？看看我们“无意义浪费时间”的占比，如果想要达到你的理想分数，我们或许需要什么样的帮助？我们自己可以做一些什么调整来避免“时间黑洞”的出现？例如：

1. 关掉微信、QQ（手机）
2. 保持学习环境的整洁
3. 给自己水杯里倒满水
4. 给硬邦邦的座椅加一个坐垫
5. 尽量地隔离自己
6. 要事第一
7. 25+5 的番茄法则
8. 设置任务的最后期限
9. 列出先后顺序

…………

四、团体结束阶段

时间管理技巧：目标驱动、集中注意力、外部监督、自我奖励、时间间隔、任务明确。

一张纸的前世今生

单佳楠

【理论支撑】

在积极心理学核心发起人皮特森（Christopher Peterson）和赛里格曼（Martin E. P. Seligman）编撰的《性格力量与美德分类手册》中，人类个人优势被归纳为6大类24小类，其中就包括创造性。发散思维是创造性思维的核心，吉尔福特提出，它具有四个主要特征：流畅性、变通性、独创性和精致性。本节课程针对发散思维的4个特征分别设计游戏，使学生在实践中掌握发散思维的训练方法，并能够将之有效延伸至日常生活中。

【设计过程】

一、团体暖身阶段

第0个故事——翻转纸生。以纸折船为道具，讲述原创的悬疑故事，引出主题，具体故事内容请见录像。

二、团体转换阶段

1. 第1个故事——百变纸生（流畅性）

（1）规则：以小组为单位，思考纸的用途，越多越好；选派代表在1分钟内于黑板上写出；欢迎异想天开；不允许有任何批评意见。

（2）活动进行与总结。

（3）活动思考：①在日常生活中，你是否体验过流畅性呢？②流畅性给我们的生活带来了什么？（此处思考仅提问，激发学生思考和体验内化，分享集中在后面的“回顾纸生”环节，以下故事的思考环节以同样方式处理。）

2. 第2个故事——千面纸生（变通性）

（1）规则：随机选取上一环节的用途作为本轮关键词；将纸与关键词结合，形成新的想法，结合的关键词数量越多越好，如纸与吃结合想到“纸包鱼”“纸质餐具”等。

（2）活动进行与总结。

（3）活动思考：①在日常生活中，你是否尝试过一物多用、一题多解呢？②变通性给我们的日常学习和生活带来了哪些便利？

三、团体工作阶段

1. 第3个故事——极限纸生（独创性）

（1）规则：寻找一张A4纸的极限，如最短、最长等，并动手操作；可应用工具，随意改变纸的性质（结构、形状等）；选一个最佳作品放置于展示台前，并作适当说明。

（2）活动总结。

（3）活动思考：①在日常生活中，你是否曾经打破常规、突破传统呢？当时感觉怎么样？②独创性给我们的生活带来了什么变化？

2. 第4个故事——戏如纸生（精致性）

（1）规则：以小组为单位，将纸为主要道具，编排一个1分钟的心理剧，并为这个剧起名字。

（2）活动总结。

（3）活动思考：在日常生活中，是否曾经将想象变为现实？这种变化的产生条件是什么？

四、团体结束阶段

（1）发散思维是我们人人都有的隐藏天赋，合理的训练才能让它发光发热。

（2）思维的发散往往源于生活细节和一闪而过的念头，知识储备量则是它的基础。

（3）新奇的想法、详细的勾画，加上合理的资源和实践，让创新的思维不再是纸上谈兵。

（4）团体的力量超出你的想象。

（5）我们将以美国心理学家罗伯特·艾伯尔创作的“奔驰法”为工具，总结大家的课堂学习成果。依照下列步骤进行“改良创造”，并将你的想法写下。

① S = Substitute（替代）= 是否有取代原有功能或材质的新功能或新材质？

② C = Combine（合并）= 哪些功能可以和原有功能整合？如何整合与使用？

③ A = Adapt（调适）= 原有材质、功能或外观是否有微调的空间？

④ M = Magnify（增强）= 原有材质、功能或外观是否有提高的空间？

⑤ P = Put to other uses（其他用途）= 除了现有功能之外，能否有其他用途？

⑥ E = Eliminate（消除）= 哪些功能可删除？哪些材质可减少？

⑦ R = Reverse（翻转）或者 Rearrange（重排）= 顺序能否重组？

超级玛丽的“注意”冒险之旅

单佳楠

【理论支撑】

《中小学心理健康教育指导纲要（2012 年修订）》中指出，“学会学习”是高中心理健康教育的主要内容，也是学生发展的核心素养之一。“注意”是思维活动的起点，是有效学习的基础。对于高中生来说，在学习中所需的注意品质，不仅包括注意的集中，还包括注意的选择、注意的转移和注意的分配等。

本课教学内容从注意出发，以“超级玛丽”闯关游戏贯穿课程，通过各个关卡使学生体验并掌握注意品质的训练方法，进而在生活中自主训练，提高注意的各项品质，最终实现改进学习习惯、提高学习效率的目的。

【设计过程】

一、团体暖身阶段

1. 进入游戏

进入“超级玛丽”游戏界面（PPT 动画展示）。

2. 游戏说明

以组为单位闯关，完成全部关卡任务方为“通关成功”；每失败一关，需在完成全部关卡后接受一次惩罚，可累加惩罚次数。

二、团体转换阶段

1. 分发“游戏装备”

对照组和实验组配备不同的游戏装备，随机形成，教师不知情。

实验组装备中含一份《通关秘籍》。

2. 开始游戏

开始游戏闯关（PPT 动画展示）。

三、团体工作阶段

1. 关卡 1——注意的选择

（1）任务：接下来会给大家看一段视频，请仔细观察，可做适当记录；播放结束后，根据所提问题抢答。

（2）播放视频。内容为一段画面与音频无关联的视频：视频为《搞笑的小鸟》；音频为《多首古诗词名句朗诵》。

（3）提问并抢答：刚才的视频中声音部分是“古诗词名句”，请问提到了多少种植物?

（4）公布答案：6 种。

（5）通关秘籍：在学习中，往往有很多刺激同时呈现，需要我们主动地去选择注意对象。想要实现注意的有效选择，需通过提前预习知晓注意的重点，并提高意志力，忽略课堂上的无关信息，关注老师所讲的重点。

（6）过渡语。

师：恭喜大家通过第一关，日常学习中，选择了合适的注意对象后便需要集中注意力在它身上，所以冒险之旅的第二关就是——“注意的集中”。学习中最需要的是视觉和听觉的集中，因此第二关我们将有两个任务。

2. 关卡 2——注意的集中

（1）视觉的注意集中。

①任务：以下方格中的文字可组成唐诗《锦瑟》，请尽快按顺序点出文字，并念出诗句。

②展示方格（内容：8 × 7 的方格，每格中有一个文字，即舒尔特方格的变式）。

③进行任务。

（2）听觉的注意集中。

①任务：接下来给大家播放一段音频，包含文章朗读和各种杂音。请仔细辨认其中的文章，并简要复述其内容。

②播放音频。

③进行任务。

（3）通关秘籍：课堂学习中最需要的便是视觉和听觉的集中，想要提高注意集中的程度，除了刚才的两种方法，还需注意：注意集中的时间是有限度的，建议可采用行为塑造的方法，从 10 分钟开始，根据塑造效果逐步增加练习时长。

（4）过渡语。

师：再次恭喜大家闯关成功。高中的学习需要的可不仅仅是集中注意，更多时候，我们需要连续地进行不同的任务，此时需要的就是注意的快速转移了。欢迎进入第三关。

3. 关卡 3——注意的转移

（1）任务：此关卡共有 5 道题目，请仔细倾听，然后迅速抢答。

（2）进行任务。

1.“风萧萧兮易水寒，壮士一去兮不复还”出自哪篇文章？（《荆轲刺秦王》）

2.“执手相看泪眼，竟无语凝噎”的上一句是什么？（都门帐饮无绪，留恋处，兰舟催发。）

3. 请问音频中的文段出自哪位作家的什么作品？（戴望舒《雨巷》）

4. 一神童因父亲不让他学习，被父亲当作赚钱工具，而沦落成一个普通人。这个故事的主人公是谁？（方仲永）

5. 以诗文闻名于世的“三大古楼”分别是什么？（滕王阁、黄鹤楼、岳阳楼）

（3）通关秘籍：本关卡任务的特点是题目均属于语文学科，但类型不同，需要不停地转换思维。灵活、主动地转移注意是提高学习和考试做题效率的必要条件。像这样，常练习连续思考多种类型的问题是有效的训练方法。

（4）过渡语。

师：我们在学习中经常面临不止一个任务，这时需要的便是“一心二用”了。欢迎各位英雄进入最终关卡——“注意的分配”。

4. 关卡4——注意的分配

（1）任务：刚才在每一关卡通画面出现时，我都用左手摆了一个手势，请同学们仔细回忆是什么？

（2）公布答案。

（3）通关秘籍：高中的学习任务较多，常常需要我们同时完成，这就需要我们具备分配注意的能力。善于分配注意的学生，能在同一时间内从事较多的学习活动，从而获得丰富的知识。日常学习时，可以试试多感官参与哦！例如，边看做，边听边写……

5. 游戏通关

（1）恭喜 × 组游戏通关！（PPT展示动画）

（2）通关失败的组接受惩罚。

四、团体结束阶段

1. 揭秘双线任务

2. 游戏体验分享

请对照组和实验组分别分享游戏体验。

3. 总结升华

（1）注意资源有限。

（2）注意分配 = 一项活动（已然熟练）+ 一项活动（与前项有联系）。

（3）高效注意 = 正确选择 + 集中注意 + 及时转移 + 合理分配。

高中学习 YES！

曹宇晨

【理论支撑】

相较于初中，高中的学习体量、学习难度与深度徒增，这给学生带来很大的挑战。本课程旨在从学习心态调整及学习管理方法两个方面帮助学生更好地适应高中的学习节奏，重拾学习的自我效能感。本课程融合了智力理论（成长型思维）、心流、学习金字塔等学习心理理论，以期为学生提供有实践依据的指导。

【设计过程】

一、团体暖身阶段：热身游戏，引入主题

（1）介绍游戏“大风吹”，并说明游戏规则：教师依次呈现一些表述学习状态的句子，教师提问大风吹，学生回应吹什么，同意该句子表述的学生站起来。

（2）例如，教师呈现“感到高中和初中学习难度是天壤之别的人”“觉得学习天赋比努力重要的人”“对九科里至少一个学科感兴趣的人”等句子，认同以上观点的学生就是被大风吹到的学生，请被吹到的学生站起来，并邀请 2 ~ 3 位学生分享。

二、团体转换阶段：探究我的智力观

1. 引出讨论

结合图片介绍电视剧《天才基本法》中主人公对于学习数学的天赋和努力这一话题的探讨。

请学生小组讨论两个问题：①学习成绩 = 百分之几的天赋 + 百分之几的努力；②智力 = 百分之几的天赋 + 百分之几的努力。

在这一话题中，大部分学生觉得学习成绩包含努力的因素，但对于智力，往往认为是由 100% 的天赋构成。

2. 智力增长论及实体论

教师介绍智力增长论及实体论、流体智力（Fluid Intelligence）及晶体智力（Crystallized Intelligence）。一般智力实体论者认为智力 = 35% 努力 + 65% 天赋，而智力增长论者认为智力 = 65% 努力 + 35% 天赋。往往学生会惊讶于智力也可以改变，因此有必要介绍一些相关理论，说明智力是可以通过训练和刺激而增长和变化的。卡特尔提出，流体智力是指以神经系统为基础、不受教育和文化影响的智力，如知觉速度、机械记忆、简单推理能力等。晶体智力则是指需要通过教育培养、社会文化经验掌握而获得的智力，如言语理解、数学知识、社会理解等。流体智力在 25 岁左右达到巅峰，而晶体智力则随着人的年龄而逐渐增长。

为什么要介绍智力观呢？斯坦福教授卡罗尔·德韦克教授的研究发现，在学生小学毕业时，测查他们的智力观，通过学生所持的智力观可以预测他们初中的学业成绩。具体来说，持智力增长论的学生在初中时成绩总体呈上升趋势，而持实体论的学生在初中排名有所下降。教师提问："为什么会出现这种结果呢？"进而介绍智力增长论及智力实体论对于努力、挑战和失败的不同理解。

3. 改写我的智力观

请同学们四人为一组，每位同学写出一句自己日常生活中曾经使用过或想过的关于智力实体论句子，例如"我就是没有数学天赋，所以永远也学不好数学""第一次月考我是全班倒数，大家都会觉得我能力差"等。接着，小组同学依次将每位同学的实体论句子改为增长论句子，如"考不好只是提醒我应该调整学习方法，多向老师、同学请教，这是一个学习成长的过程"。

教师小结：我们对智力的看法，影响我们为努力和失败赋予的意义。希望大家在日后的学习生活中可以更加专注过程而非结果，在过程中寻找解决问题、克服困难的乐趣，体味成功带来的成就感，也欣然接受暂时的失败，磨炼心智，从中成长。

三、团体工作阶段：发现学习误区，高效管理学习

1. 小组讨论

在课前，我们征集了学生在高一时遇到的最让他们头疼的学习问题，并将其中涉及学习心理和学习方法的摘取出来，选择了其中三条最有共性的在本课中请学生分享讨论：

情景一：上课总是一听就懂，题一做就错要怎么办？

情景二：同桌写物理题总是很专注，做题效率很高，我面对着物理作业却总是忍不住走神。

情景三：用了三节晚修的时间才把数学作业写完，更不要说其他的作业了……

请学生四个人为一组，讨论分享自己是否遇到过以上情景，有什么应对的经

验。如果是自己遇到这些情景，可以做些什么来调整？讨论结束后，请学生代表依次分享对每个情景的看法及解决方法。

2. 教师总结

针对情景一，上课总是一听就懂，题一做就错其实是很正常的。根据埃德加·戴尔的学习金字塔理论，不同的学习方式达到的学习效果不同。以不同的学习方式学习，两周后学习内容平均留存率不同。听课时我们在被动学习，学习内容平均留存率只有5%；而我们做作业的过程是实践的过程，印象更加深刻。因此，做作业不只是完成任务，更是夯实知识的过程，我们鼓励大家在做作业时放平心态，把做作业当成学习、查漏补缺的过程。

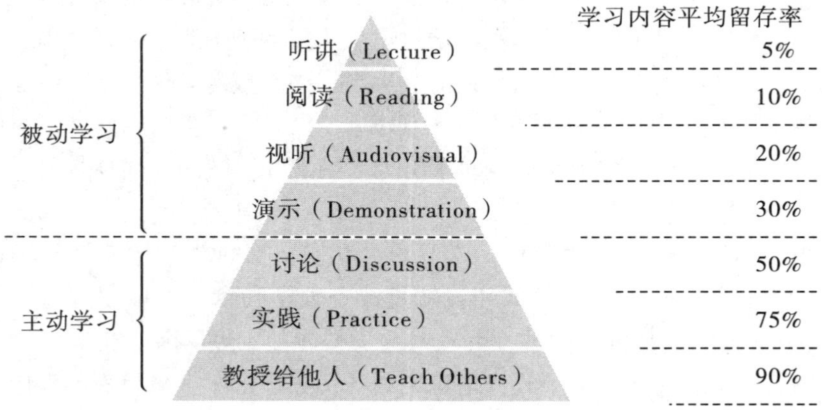

学习金字塔

情景二是有关学习专注力的问题，教师向学生提问：高度专注真的存在吗？心理学中提到了心流概念，指一种个人将注意力完全投注在某种活动上的感觉。此时这个人会屏蔽外界的干扰，感觉不到时间的流逝，全身心投入眼前的活动，感觉到平静与喜悦。

教师提问：同学们有感受到心流的时刻吗？那时你在做什么？同学回答：搭积木、练习乐器等。教师回应：大家可以注意到，心流产生是有一些条件的，即当前的挑战难度适中，同时我们也有能力应对当前的挑战。因此想要达到全身心投入的心流状态，我们需要选择那些对自己来说是中等难度的题目。如果问题太简单会让我们觉得无聊，问题太难则会让我们觉得很挫败。因此，从自己努力一下就可以做出来的题目开始，既能够让我们学有所获、不断进步，也能够让我们保持专注，更好地投入学习。

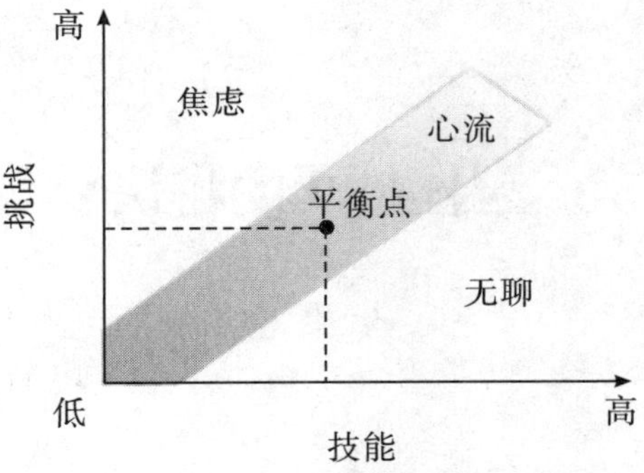

心流

情景三（后面会有时间管理的专题课程，这里更偏向介绍精力管理与效率提升）和情景二的问题类似，时间管理首先是任务管理，合理有效地挑选任务来做是保持动力的第一步，而第二步就是劳逸结合的精力管理。

学习心理学研究曾发现，人们保持注意力完全不分散的时间仅为25分钟，因此会走神是特别正常的现象。为学生播放一个讲述番茄工作法的两分钟视频。鼓励学生在日常学习中尝试番茄工作法，同时可以根据自己的情况调整专注和休息的时长，选择适合自己的放松方式。

四、团体结束阶段

结语：首尾呼应，以《天才基本法》中的语句来总结升华。这节课我们一起从不同视角看待智力和学习，也一起走进不同的学习管理方法。最后，将改编后的《天才基本法》中的对话送给大家："一以贯之的努力，坚持拼搏的人生。每天的微小积累会决定最终结果，这就是答案。"祝福大家能够学有所获，学有所乐！

越挫越勇的秘诀

张玉婷

【理论支撑】

斯坦福大学心理学教授卡罗尔·德韦克提出，在遇到挫折、失败、挑战时，有两种不同的思维模式，分别是固定型思维模式和成长型思维模式。固定型思维模式认为人的能力是固定的、天生的，通过后天努力很难改变；而成长型思维模式认为人的能力是变化的、发展的，是可以通过后天的努力和练习来提升的。在遇到挫折和失败时，固定型思维模式的人会认为自己能力很差，沉溺于失败的痛苦当中无法自拔。而成长型思维模式的人会认为自己只是暂时失败了，能力是不断发展的、变化的，自己可以从这一次的挫折和失败中吸取经验、教训，反思下次如何做得更好。

【设计过程】

一、团体暖身阶段：分享心理学研究，引发学生思考、讨论

师：有心理学研究发现，在日常生活中，有两个智商差不多的学生（控制其他变量如家庭教育、学习方法等不变），其中一个学生的成绩处在班级前十名，而另一个学生的成绩却处在班级中下游。请大家猜一下这是为什么呢？

生："乐观""情绪""心态""动机""思维"（有的班能回答出"思维"，有的班没有）。

教师总结：答案是思维模式。不同的思维模式对我们的选择、努力程度、对待失败和错误的态度有着重要影响。大家想不想掌握这种能帮助我们成为学霸的思维模式呢？想的话，我们就一起进入今天的课程学习。

二、团体转换阶段：思维测试游戏——你是哪种思维模式

师：老师将给出一些具体的情境，请同学们思考在老师给出的情境下自己真实的想法、真实的情绪和真实的行为反应是什么。请大家伸出双拳，我们记录一下。在给出的情境中，如果大家的思维模式更符合右边的描述，则右手伸出一根

手指，更符合左边的描述，则左手伸出一根手指，最后我们看看同学们哪边手伸出的手指更多。

情境一：你的朋友送了你两个椰子，但你不会开，你会怎么做？	左边：我的能力不行/我不开了。	右边：我可以想到办法打开。
情境二：当任务难度超出你日常的能力水平，你会怎么做？	左边：我的能力不行/我不做了。	右边：我该怎么去解决这个问题比较好？/迎难而上，想从中收获学习！
情境三：你这次的语文作文写得很差，被老师批评了，你会怎么想？	左边：被批评了代表我很差劲/愤怒/不接受批评。	右边：我是否可以从批评中学到些什么？/成功了最好，即便失败了，我也能从中学习到很多东西。
情境四：如果你与最好的朋友吵架了，你会怎么想？	左边：我果然是一个不善交际的人。	右边：我能从中学到什么呢？下次如何避免这样的情况发生？下次再发生这样的事情，我应该如何应对处理？
情境五：如果你是情境中的小兔子，你会怎么想？（播放《疯狂动物城》中小兔子朱迪在警校遭遇挫折的片段）	左边：情绪低落/觉得自己不行/低迷。	右边：在一开始也可能会情绪低落，但后续会思考我是否可以从这次失败中学到些什么，下次再发生这样的事我该怎么做。进而激发斗志，反思、成长（播放《疯狂动物城》中小兔子朱迪在警校逆袭的片段，让学生直观地感受到拥有成长型思维的人在遇到挫折、失败、困难时是如何努力、反思、成长的）。
问题六：对于犯错，你是怎么看的？	左边：害怕犯错，犯错说明自己很笨/很差劲/能力不行。	右边：勇于试错。虽然这次错了，但以后我知道这么做是错的，又学到一招，很好！

师：我们的测试游戏结束，刚刚所有出现在左边的思维模式叫固定型思维，而右边的思维模式叫成长型思维。大家现在可以看看自己哪边手伸出的手指更多些。为了帮助大家更深入地认识了解成长型思维，我们来看一个介绍成长型思维的视频（播放《成长型思维》剪辑视频，介绍固定型思维、成长型思维的特点和益处）。

师：固定型思维认为我们的能力是怎么样的？成长型思维认为我们的能力是怎么样的？

生：固定型思维认为我们的能力是天生的、固定的、后天很难改变的。成长型思维认为能力是成长的、变化的，可以通过后天努力、练习来提升。

师：请同学们识别一下，当我说“我不会做这道题”时，我是成长型思维还是固定型思维？

生：固定型思维。

师：那我们该如何用成长型思维来看待这个问题？

生：我只是现在/暂时不会做这道题。

师：只是停留在这一步够吗？

生：不够，还要想怎么去做。

师：那我们用成长型思维应该怎么表达？

生：我只是现在/暂时不会做这道题，我可以通过问老师、问同学、查阅资料来弄懂这道题。

[教师板书：我只是现在/暂时……，我可以……（来改变当下困境）]

师：从同学们的回答中我发现同学们用到了“我只是现在/暂时……，我可以……（来改变当下困境）”这个句式，这也是我们今天要讲的“秘诀”。在稍后的练习中，我会带领大家运用我们的“秘诀”来训练成长型思维。

教师总结：当我们认为目前的困境只是暂时的，是可以通过努力、学习、尝试来改善的，我们在遇到挫折、失败时会更有希望、更有斗志，抗挫折能力也会更强。因此，挫折到底是绊脚石还是垫脚石取决于我们是选择沉溺于被绊倒的痛苦中拒绝改变，还是选择用成长型思维从中学习、吸取经验和养分，从而变得更好。

设计意图：如果直接给学生展示成长型思维的特点和好处，学生属于被动接受式学习，学习深度不够。结合思维测试游戏和学生在日常生活中的实际情境，让学生在教学材料中实现发现式学习，既能让学生有更深刻的认知加工过程，更直观地感受各种思维模式看待问题的差异，又能增强知识学习过程的趣味性。

三、团体工作阶段：成长型思维训练——远方有朵成长型思维的花

师：为了帮助同学们学会如何运用成长型思维看待问题，我们接下来进行一个成长型思维训练活动，活动的名字叫“远方有朵成长型思维的花”。首先，请每位同学拿出便利贴，在便利贴上匿名写下一个你高中以来曾遇到过的难题、挫折、失败（小到一道不会做的题，大到和最好的朋友闹掰），或是觉察到固定型思维出现的时刻。注意：要选择的是自己能够在全班展示的内容，写出具体情境。并请组长将组员写好的小纸条粘在白纸上。

师：为了帮助同学们在接下来的活动中能更好地运用成长型思维，我们先来做一个小训练，大家可以运用我们刚刚总结在黑板上的句式“我只是现在/暂时……，我可以……”

问题一：好多数学作业不会写，上周末小测也没及格，我学不会了。

生：我只是暂时学不会，暂时没及格，我可以问同学、问老师、查阅参考资料，通过改进学习方法，来提升数学成绩。

问题二：又因为一些小问题和朋友吵架起冲突了，我是不是真的不擅长交际呀？

生：我只是暂时没那么擅长交际，我可以反思一下这次和朋友起冲突的原因，避免再次出现类似情况，提升我的人际交往能力。

问题三：我的英语口语好差。

生：我只是暂时英语口语差，我可以多练习、查阅资料、多听英文歌、看外国电影、请教老师，我相信我的英语口语是可以通过我的努力来提升的。

师：现在我们的训练结束了，希望大家能将我们刚刚训练学到的东西运用到接下来的活动中。现在请每个小组组长将小组的白纸高举过头顶，老师将随机进行小组间的白纸交换。每位组员扮演拥有成长型思维的花，选出一张便利贴，并在纸条空白处用彩笔写出：如果我是便利贴情境上的人，该如何用成长型思维去思考纸条上的内容。完成之后我们将展示小组作品，看哪个小组成员经过我们的学习后成长型思维运用得最好。

展示环节

生 1 问题：周围都是学霸，对比下来自己真的好菜。

生 2 回答：我只是暂时有点菜，我可以通过多学习、多努力、问老师、请教同学、查阅资料、看参考书来变成学霸。

生 3 问题：生物考了 35 分。

生 4 回答：我只是暂时考了 35 分这个不理想的成绩，我相信能力是可以通过练习来提升的。我可以通过多刷题、多看参考书、多请教老师来提升我的生物分数。

教师总结：在刚刚的活动中，我观察到同学们基本上都掌握了运用成长型思维来看问题的秘诀。希望大家不仅是在课堂上学会运用成长型思维，在课后遇到挫折、失败时，也能用成长型思维来看待问题。

设计意图：让学生自己写下成长过程中曾遇到过的失败、难题、挫折，会比老师直接提供材料更真实、更贴近学生生活、更易引起学生共鸣。让另外的学生运用成长型思维来回复，一方面达到了成长型思维的训练目的，另一方面随机回答的环节设置增加了活动趣味性。在最后的展示环节，学生都会很好奇自己的问题得到了怎样的答复、其他同学的问题是什么。学生都积极地参与到活动环节中。

四、团体结束阶段：学会运用，不断练习

教师总结：通过我们刚刚的学习，同学们了解了什么是成长型思维，运用成长型思维看待挫折会为我们的学习、生活、人际等各方面带来巨大的帮助。就像是练成肌肉一样，我们刚刚学习和掌握了训练肌肉的方法，但能否真正练出肌肉，还需要大家在以后的生活中学会运用，不断练习。

创新有方

句玲玲

【理论支撑】

中国已经进入了创新时代，作为国家未来发展的主力军——高中生，正处于抽象逻辑思维以及辩证逻辑思维发展较为迅速、知识储备大量增加的时期，培养高中生的创新意识正好切合时机。这堂课通过国家科技进步的成果激发出学生的创新意识和民族自豪感，同时厘清创新的内核，即创新是什么、怎样创新。通过对奥斯本检核表法的学习运用，学生将意识到创新没有很难，且也是有方可循的。

【设计过程】

一、团体暖身阶段：科技创新信息

师：最近老师看了一部央视的纪录片，非常震撼。下面我将播放纪录片片头，大家一起感受下。

（播放视频）

师：同学们能说出视频中出现了哪些东西吗？

（学生回答）

师：是的，视频中展现的是目前我们国家科技领域的一些最新成果和研究趋势。在重工方面我们国家取得的重要成果有：纳米能源发电机、量子通信、自主研发的大飞机 C919、自主研发的世界上第一个钛铝合金涡轮叶片、世界上最长的臂架泵车、世界上最薄可弯折的超薄玻璃、自主研发的第三代核电华龙一号、世界领先的航天火箭、世界最深潜器蛟龙号、全球最大海上钻井平台、世界上效率最高的最清洁发电厂等。在其他领域也有很多突破，如光子、粒子、中微子的神秘微观世界和城市大脑智慧管理系统的发明创造，以及方便人民生活的无人机快递、无人驾驶智能车、大数据农业、新能源、海水种水稻、“给蚊子绝育”等。

师：这部纪录片还有一个彩蛋，你猜是什么？

（学生回答）

师：提示一下，是谁配的音？

（学生回答）

师：这是由科大讯飞公司电子合成的已故配音大师李易老师的声音。科技的进步能让一些不可能变成可能。

二、团体转换阶段：创新改变生活

师：科技的进步也带来我们生活的改变，Kindle 电子书的出现解决了传统纸质书不易携带的缺点。信息科技的进步也改变了人们的支付方式，如微信支付等，减少了纸币的破损、造假等问题。可见创新改变了人类文明，改变了人们的日常生活。

1. 创新是什么

师：创新包含三个方面，一是更新，比如太湖计算机就是在原有的基础上更新计算速度的；二是改变，比如光量子计算机改变了以前计算机的电子管材料；三是创造，以前没有的事物被创造出来，比如城市大脑智慧管理系统。创新的实质是一种解决问题的策略，即从现状到目标的方法。那具体的方法是什么呢？或者说如何创新呢？

2. 如何创新

师：这堂课给大家介绍一种创新技法，它是由美国创新技法和创新过程之父亚历克斯·奥斯本提出的“奥斯本检核表法”。奥斯本检核表法主要是引导主体在创造过程中对照 9 个方面的问题进行思考，以便启迪思路，开拓思维想象的空间，促进人们产生新设想、新方案等。

师：9 个方面分别是：能否他用、能否借用、能否改变、能否扩大、能否缩小、能否替代、能否调整、能否颠倒、能否组合。

师：我们以水杯为实例，来尝试下如何在 9 个方面进行创新。

（根据 9 个方面逐一和学生进行简单问答互动）

师：我们看一下用奥斯本检核表法对水杯进行创新的成果总结表格。

创新成果总结

序号	检核项目	创新思路	创新结果
1	能否他用	用于保健	磁化杯、消毒杯、含微量元素杯
2	能否借用	借助电脑技术	智能杯：会说话，会做动作表情
3	能否改变	颜色变化，形状变化	变色杯：随温度而变色 仿行杯：按个人爱好特质

（续上表）

序号	检核项目	创新思路	创新结果
4	能否扩大	加厚，加大	双层杯：可以放两种饮料 安全杯：底部加厚不易倒
5	能否缩小	微型化、方便化	迷你观赏杯、可折叠便携杯
6	能否替代	材料替代	以钢、铜、石、竹、木等材料制作
7	能否调整	调整尺寸、比例、工艺流程	新潮另类杯
8	能否颠倒	倒置不漏水	旅行杯
9	能否组合	组合容器、量具、保鲜等功能	多功能杯

3. 创新的步骤

师：通过上面的小小尝试，我们可以发现奥斯本检核表法很实用，好像创新也没有想象中那么困难。现在我们回顾一下这个创新技法的实施步骤：

（1）根据创新对象明确需要解决的问题；

（2）根据需要解决的问题，参照表中列出的问题，运用丰富想象力，强制性地一个个核对、讨论，写出新设想；

（3）对新设想进行筛选，将最有价值和创新性的设想筛选出来。

三、团体工作阶段：创新试验田

1. 任务解说

师：我们了解了奥斯本检核表法的操作方法，接下来的时间，我们就要真的动手实践了。

师：首先我们看一组由珠海市文明办创作的关于倡导社会主义核心价值观的宣传画报（PPT 呈现），大家可以看到这组宣传画报很好地将珠海的标志性建筑和文化与社会主义核心价值观融合在一起，进行了很好的创新。接下来我们的课堂任务就是：运用今天的奥斯本检核表法，小组合作完成一幅宣传画报，要求以“创新”为主题，融合珠海地方特色，呼吁人们关注创新、重视创新，传达“人人可创新”“处处能创新”的思想。

2. 小组展示

两名组员，一名负责展示画报，一名负责解说画报，包括设计理念、设计的创新点等（教师注意学生的解说，适时提问并点出运用了奥斯本检核表法的哪些方面）。

四、团体结束阶段

教师总结：通过今天这堂课的学习，我们可以意识到创新并不难，而且非常有趣。创新只是解决问题的一种策略。创新也不完全是天马行空，它是有技法可循的。当然创新也不是一帆风顺的，中间会出现挫折、困难，所以创新需要坚持的精神。希望我们每个人都可以在创新方面有所体验，有所收获，有所成就。最后推荐这部纪录片《创新中国》，领略我国科技创新的进步。

敲开我的海马体之门

王　甜

【理论支撑】

《考试脑科学》中提及，海马体作为短期信息处理区域和大脑皮质的“把关者”，优先接收和提取对生存有不可或缺意义的信息。该书也提及“唤醒”海马体（Hippocampus）的方法包括有节奏的复习、激发好奇心产生 θ 波、情绪唤醒杏仁核、狮子记忆法、睡眠整合法等。

海马体，又名海马回、海马区、大脑海马，海马体位于大脑丘脑和内侧颞叶之间，属于边缘系统的一部分，主要负责短时记忆的存储转换和定向等功能。海马体在将短时记忆进行巩固进而转换成长时记忆中起着重要的作用。它是负责将记忆存入大脑的重要部位。早期的研究认为短时记忆容量为 7 个有意义的组块，而最新的研究结论为 4 个。

【设计过程】

一、团体暖身阶段

1. 最强大脑

两位学生参加，每人 12 张随机摆放的扑克牌，要求学生双手同时去翻，如果两张牌不一样，则将牌放回原位，直到翻出两张一模一样的为止。

感受和思考：你认为成为最强大脑的原因是什么？

2. 试试你的手气

第一轮：每组选出一个代表上台抽取本组要背诵的内容，卡片上的内容五花八门。

第二轮：你对哪个小组的内容感兴趣，小组内可以通过猜拳交换要背诵的内容。

感受和思考：感兴趣和不感兴趣的内容，你哪个记得更好？为什么？

3. 小结

当我们对某个内容抱有好奇心的时候，你的海马体更容易开门。

二、团体转换阶段：组块的力量

1. 活动 1

请在 10 秒钟内尽可能记住这一串数字：1–6–7–0–2–7–3–2–8–1–5。

学生分享：是怎样记住的？1 个一组和 3 或 4 一组，哪种更容易记忆？

2. 活动 2

播放欢快的音乐并让学生计时记忆。记忆材料如下：

guitar[gɪ tɑː(r)] n.吉他

sing [sɪŋ] v.唱；唱歌

swim [swɪm] v. & n.游泳

dance [dɑːns], [dæns] v.跳舞 n.舞蹈

draw [drɔː] v.画

chess [tʃes] n.国际象棋

play chess 下国际象棋

speak [spiːk] v.说（某种语言）；说话

speak English 说英语

join [dʒɔɪn] v.参加；加入

club [klʌb] n.俱乐部；社团

be good at...擅长于……

教师小结：为了扩大记忆的容量，可以对记忆单位进行组块化。一个组块可以是一个数字、字母、音节，也可以是一组单词、短语或语句。每个组块的组合越多，记忆的容量就越大。组块化就是把几个零碎的组块组成一个有意义的集合。尝试将以上内容分成 4 组进行识记，限时 3 分钟。

三、团体工作阶段：记忆海报

（1）学生提出一个自己在学习过程中遇到的记忆难题，从“激发好奇心、点燃情绪、组块记忆”三个方面共同探讨有效的记忆方法，并完成记忆海报。

（2）分享与总结。

四、团体结束阶段：巩固提高

通过一个简短的视频，回顾整节课。

第四章

认识情绪的世界

《中小学心理健康教育指导纲要（2012年修订）》指出，高中年级心理健康教育目标是要帮助学生认识情绪，掌握调节情绪的策略，缓解考试焦虑及容貌焦虑，培养高中生积极向上的健康心态。基于此，本章设计了“当我感到情绪暴躁的时候，该怎么办”“魔镜魔镜，谁是世界上最美的人”等主题心育课例。

当我感到情绪暴躁的时候，该怎么办

黄　蓉

【理论支撑】

高中阶段学生的情绪可谓似疾风骤雨，变化快速且强烈。高中生有情绪敏感、暴躁易怒的特点，向内学生可能会自我攻击，造成自我贬低、自我伤害；向外学生可能会激起同学矛盾，影响人际关系，最终都将损害身心健康。因此，觉察和合理表达暴躁情绪非常重要。

【设计过程】

一、团体暖身阶段：情绪猜猜猜

（1）课程开始前，邀请 5 名学生上台担任演员，随机抽取一个情绪词。学生通过无声的方式在全班面前将这种情绪表演出来，让台下学生来猜一猜，这位学生表演了哪种情绪。

（2）提问：大家主要通过什么线索来猜出对应的情绪？老师表演一种情绪，请大家来猜一猜这是什么情绪。引入主题——暴躁情绪。

二、团体转换阶段：觉察暴躁时候的自己

暴躁是很常见的一种情绪，但威力巨大。大家记得自己最近一次这个情绪来临时，是什么情形吗？

（1）请你回忆最近一次自己感觉到情绪暴躁时的情形，描述得越具体越好。如：

①什么时候，发生了什么事，当时我感觉情绪很暴躁。

②我当时心里有什么感觉。

③如果回到当时，我会看到自己有哪些躯体的表现。

④我当时脑海里闪过了一些什么念头。

（2）请你带着当时的感受，用绘画的方式把情绪表达出来。不用在意自己画得好不好看，只需要尽可能贴近你身体和内心的感受。

（3）为你的画取一个名字。请注意，别取带有评价性的名字，如讨厌的暴躁。

三、团体工作阶段：表达情绪

假如情绪像人一样说话，它会说些什么呢？

（1）两人一组，一人把画挡在面前当做面具，扮演所画的情绪。另一人参照以下问题，进行采访：

①你叫什么名字？

②什么时候你就会来到 ×× 同学身边？

③你准备在 ×× 同学身边待多久？

④你想对 ×× 同学做什么？

⑤你希望 ×× 同学怎么对待你？

⑥什么时候你会离 ×× 同学近一点，什么时候远一点？

⑦你是怎么帮助 ×× 同学面对当时的问题的？

⑧当 ×× 同学做了什么，你会觉得自己可以离开？

（2）采访结束，双方交流彼此的新发现和感受。

（3）双方交换角色，重新开始一轮扮演，并在结束后真诚交流。

（4）邀请同学进行班级分享。

四、团体结束阶段：悦纳情绪——与暴躁情绪和睦相处

（1）回顾课堂，带着本堂课中的感受和发现，完成下列句子：

当________________________________时，我会感到情绪暴躁；

我知道____；

我会对自己说____；

我会去____。

（2）想一想，面对暴躁情绪，我还用过哪些有效的方法？

方法 1：____；

方法 2：____；

方法 3：____。

考试焦虑正念减压

冯文姝

【理论支撑】

根据耶克斯－多德森定律，学习效率与焦虑程度之间呈倒 U 形曲线关系，正常范围的考试焦虑会激发学习动力、提高复习和答题的效率。但过度的考试焦虑会降低个体自我效能感，增加心理压力，影响身心状态和考试成绩。

【设计过程】

一、团体暖身阶段：热身游戏

活动名称：小鸡进化论。

大家开始都是在同一起跑线，即完全蹲下的“鸡蛋”。通过“石头剪刀布”游戏对决，赢的那方从鸡蛋进化为跳着前进的小鸡（可以站起来但必须弯着腰和腿）。小鸡与同场另一只小鸡继续对决，赢的小鸡进化为完全直立的战斗鸡，输的小鸡退回蹲着的鸡蛋状态，直到所有人都成为战斗鸡。游戏结束后，邀请学生分享自己落后时的心情。

二、团体转换阶段：认识规律，了解焦虑

耶克斯－多德森曲线主要讲的是学习效率与焦虑水平之间的关系。从图中可以看出，焦虑适度时学习效率最高，因此我们要降低的是过度的考试焦虑。要发挥出最佳水平，需要调整好情绪状态，既不能精神太紧张、对结果太关注，也不能完全放松、失去动力。

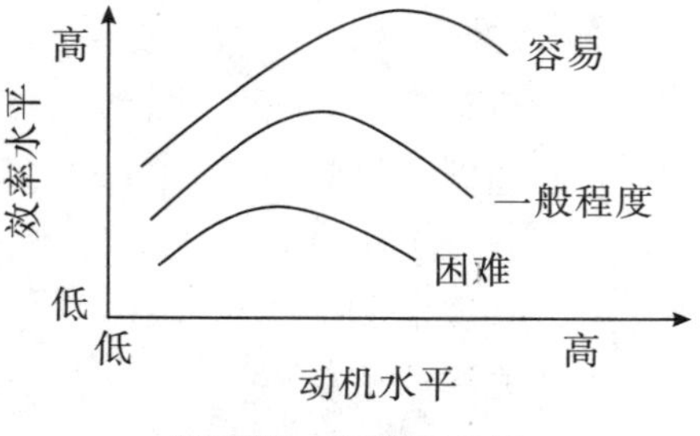

耶克斯－多德森曲线

三、团体工作阶段：正念减压三步走

1．第一步：识别身体反应

请你思考一下在面临考试焦虑、紧张时，我们的身体会有什么反应或者脑海中会有什么想法，将身体上的“考试焦虑”找出并绘制在下图中。

“它”在哪里

2．第二步：讨论面对考试焦虑时的大脑反应

人的第一反应属于本能反应，就像突然有人撞向你，你会很自然地躲开一样。当我们发现自己很紧张后，会本能地要求自己“不要慌”。

当你试图解决考试焦虑的“问题”时，你的理性思维会是这样的：你发现自己处于某个位置（焦虑到没法专心复习或者思考题目），知道自己希望达到的目的地（专心、冷静）。你的大脑便会分析两者之间的距离，试图确定连接两者的最佳途径。大家也学过两点之间线段最短的理论，于是它会潜意识地将问题分割为片段，然后不断剖析以及重新审视解决方案，判断它是否让你不断向目标靠拢。它要求我们马上做出回应：我为什么这么紧张？我今天到底怎么了？我哪里出了问题？它什么时候才会结束？这一过程是瞬间完成的，我们通常察觉不到它的存在。同学们也可以想想自己的内心是不是常有这样的声音。这其实是一种极其有效的方式，它可以帮我们解决大多数迫切的问题。因此，利用这种方式解决焦虑“问题”是最自然不过了。但是，它也会导致最糟糕的结果。因为它会要求你将注意力放在现状与希望之间的差距上。为此，你必然会思考一些批判性问题：我到底出了什么问题？我哪里做错了？为什么我总是犯这样的错误？这些问题不但严酷，而且具有自我毁灭性。

在我们学会如何驯服考试焦虑这头“猛兽”之前，我们需要先学会觉察自己的状态，这样我们才能很快感知到考试焦虑正在朝我们冲过来。当我们处在焦虑之中，你会发现身体可以作为一个早期预警系统，在焦虑和压力出现前便可以向你发出警报。但是要想能够理解和接收到身体发出的信息，首先必须学会如何集中精力，具体来说就是关注这些信号的发射源。而且很快你将发现，这些信号可以由身体的任何部位发出。这意味着，你需要进行正念练习，以训练你的注意力覆盖身体的每个部位，并善待每个部位，放松它们，让你能够将你的意识与身体重新整合为一个整体。我们接下来的练习可能就会让你发现：任何人都无法阻止脑海里想法的横冲直撞。不过，我们的确可以控制与它们之间的关系。

3. 第三步：做一个关于考试焦虑的身体扫描

如果你身上穿戴着可能会影响接下来你的正念练习的饰物，你可以把它脱下来。如果你戴着眼镜，可以把它摘下来放到一边。请以简易瑜伽姿势坐好。将双手放在双膝上，肩膀放松，脊背挺直，想象你的头上有个光源，用你的头顶不断地去靠近它。如果你觉得舒服，可以闭上眼睛。

①练习过程中，如果感觉腿麻，可以互换左右脚位置。眼睛轻轻闭上，我们先进行三次深呼吸，深深地吸气，感受气体充满整个肺部，缓缓地呼气，呼出体内所有的气体，再次深深地吸气，感受此刻的身体。呼气放松，放松整个身体。最后一次吸气，吸进崭新的能量，呼出所有的负担与压力。现在回到自然的呼吸，不控制呼吸的节奏，只是跟着呼吸的上下起伏，不断地放松就好。

②现在我请你问问自己，考试让你紧张的真正原因是什么？是你担心遇到不会做的题？还是父母、老师对你的期望很高，你不想让他们失望，担心别人的评价？又或是觉得自己复习不扎实，没有其他同学准备得充分？

③请跟随我的引导去想象，同时感受自己的身心发生了怎样的变化。现在，从你经历过的考试或比赛中挑选一个紧张度为 6 分的考试场景，满分是 10 分，如果你想到了，轻轻动动食指让我知道。现在，你乘坐时光机回到了这里，选择一个让你感到紧张的情境片段，感受一下你现在的身体，是否开始有些变化？或许你的心跳加快了，呼吸也不再那么平静了。

④现在，我们选择一种新的方法来处理这次的考试。试着允许让关于这件事情的想法或感觉停留在脑海里，然后，将注意力转移到身体上，想象你有一个心灵之眼，就像是检查仪一样，扫描你的身体。关注所有因这次考试出现的感觉和情绪，以及伴随情绪出现的身体反应。

⑤当你坐在那里的时候要提醒自己，不要刻意地追求达到某种状态，你的目的是轮流观照身体的每一个部分，了解已经存在着的身体知觉，将身体的每一个部分放松。因此，放弃刻意追求某种状态的想法，也不要企图判断自己的身体状况，只需从容地跟随指导说的去做。当出现走神的时候，顺其自然地把意念带回来，不要强迫自己。

⑥现在选定一个时机，把你的注意力引到腹部的呼吸上面，观照腹壁在吸气时的伸展和呼气时的下陷，看看你呼吸的时候，是不是这个样子的。吸气的时候，跟着空气从鼻腔进入的路线，到达肺部的时候，感受空气充满整个肺部。随

着气息的变化，感受腹部的一起一伏。如果有可能的话，可以注意每次吸气和呼气，以及每次呼气和吸气之间的轻微停顿。呼吸时，可以把手放在腹部，感受它的起伏变化。吸气，将空气带到令你感到不舒服的地方，用一种温和与友好的意识引入身体的这一部位；呼气，将压力和紧张释放出体外。

如果你走神了，只需要关注思绪转移的地方，然后以温和的方式将注意力重新护送回腹部就可以了。完全没有必要以任何方式控制你的呼吸，任由气息自然进出你的身体。利用每次呼吸，软化和接纳它们。

集中注意力，向下移动到你的双脚，随着注意力的转移，关注两脚的知觉，包括脚趾处、脚掌处、脚踝脚背处的知觉。你感觉到你的脚趾、脚掌、脚踝、脚背慢慢地、不断地放松。

现在做一次深呼吸，在呼气的时候放松脚部的知觉，让它消融在意识之中，然后将注意力转移到小腿，注意小腿被你坐着的地方所支撑的感觉，充分感受皮肤表面和小腿内部产生的所有知觉。做一次深呼吸，呼气的时候放下小腿处的知觉，感觉你的小腿不断地放松、放松。做一次深呼吸，呼气的时候将注意力转移到膝盖，让注意力停留在这里，在下一次呼气的时候，想象将你的膝盖不断地放松……

观察你现在的具体情况，选择一个特定的时机，做一次深呼吸，呼气的时候放下膝盖处的知觉，注意力转移到大腿，你在这里察觉到了什么？也许是衣物与皮肤表面接触的感觉；也许是脉搏跳动、震动等知觉。现在请做好准备，在吸气的时候，想象空气可以进入身体，一直流动到腿部，然后到脚部。呼气的时候，想象空气从脚部向上流动，一直流出身体。这样吸气的时候，你就会体验到空气充满腿部的感觉，以及呼气时腿部空下来的感觉。如果你愿意，可以在接下来的几次呼吸中继续体验这种知觉。

现在做一次深呼吸，呼气的时候放松你的大腿，你感觉到腿部不断地放松、放松……

然后，将注意力转移到臀部和骨盆、右臀、左臀，接着是整个骨盆和该区域的所有器官，也可以想象一下空气随着呼吸流动到这个区域，随着呼吸不断地放松这个区域。

做一次深呼吸，呼气的时候，将注意力转移到后背，从下背部开始，然后随着吸气将感知区域扩展到背部中段，接着来到上背部，包括肩胛骨，你感觉到你的整个背部不断地放松、放松……

⑦现在做一次深呼吸，呼气的时候，将注意力转移到身体前部。首先是小腹，看看这里有什么知觉，然后将注意力扩展到整个区域。

随着呼吸感受知觉的变化，你可能会经常分神，陷入思考等状态，或者有种希望冥想快速进行到下一步的感觉。

⑧在这个过程中，也许你会感到厌倦、无聊和焦躁。出现这类情况时请注意，这并不是说你做得不对，一切都很正常。你只需注意到自身的感觉，可以先停下来，调整自己的呼吸，将注意力转移到在这次回想的考试中身体感觉最强烈的地方，不要试图刻意地改变原有的感觉，把注意力留在这个区域做呼吸练习，观察它带给你的感受，带着开放与好奇的心态去探索，看看哪些部位仍有些紧张，用呼吸把觉察到身体不舒服和紧张的地方通过呼气的方式释放出体外。当身体的某些感觉不再转移你的注意力时，你可以继续关注全身的知觉，探索当下的感觉。

⑨在特定的时机做一次深呼吸，刻意把空气吸入胸腔，做好准备，然后呼气，把注意力转移到双手和双臂，将它们作为感觉的中心。现在深呼吸，在呼气的时候放松双手和双臂的知觉。

接下来，注意力转移到双臂和颈部。这个区域有什么知觉？无论有何感觉，都要承认和观照它们，然后在此区域做呼吸练习。做一次深呼吸，呼气的时候，放松你的双肩和颈部。

⑩注意力转移到头部和面部，放松下颌、放松嘴巴、放松鼻子、放松眼睛、放松眉毛眉心、放松额头。现在，将你的注意力集中于头顶的某一点，再不断向周围延伸，直到你的注意力覆盖到整个头皮，然后放松整个头皮。

这些知觉也许非常明显，也许细微到难以察觉。尝试从各种身体知觉中，找到那些伴随着这次考试产生的情绪和感觉。不要试图改变你的知觉，而是探索它们、看清它们。就像关注天上的云朵一样，关注身体知觉的出现和消失。

请记住，你不必喜欢这些来自身体的感觉，不希望它们出现的想法是正常的。无论是什么情绪和感觉，请用开放的心态对待它们。随着每一次的吸气、呼气，都以更开放、更柔和的心态去接受、感受它们。

如果，你发现由这件事情带来的知觉消失了，你可以自行选择将注意力转移到呼吸上，或者继续探索，再次回想起让你感到紧张的一次考试，当它们出现在脑海中的时候，允许它们停留，然后关注身体的各种感觉和受到的影响。

现在，将注意力拉回到呼吸上来，深呼吸，在下一次呼气的时候，将所有的压力一起呼出，慢慢地睁开眼睛，我们本次练习到这里就结束了。

四、团体结束阶段

在睡觉前，想象明天有考试，当身体感受到紧张和焦虑的时候，开始做今天这个练习，一周最少练习三次。

魔镜魔镜，谁是世界上最美的人

何晓纯

【理论支撑】

所谓的容貌焦虑，就是在目前放大颜值作用的社会环境下，很多人对于自己的外貌不够自信的一种心态。在这种审美的压迫下，只有将化妆、打扮甚至美容整形的每一项做到了极致，仿佛才算拥有了真正的美丽，才可以更自信从容地面对他人。心理学家认为，在容貌焦虑背后是人们对自己持有的负面信念和看法，是一种自卑与低自尊的体现。

【设计过程】

一、团体暖身阶段：你敢挑战自我吗

（1）提前分好学习小组，每组派一名代表上台进行挑战，看看哪个小组的代表能够挑战成功。

挑战一：锁骨放硬币。

挑战二：A4 腰。

挑战三：反手摸肚脐。

（2）不管挑战成功与否，均邀请每位代表分享自己的感受，例如在进行挑战的过程中有什么想法，自己成功或者失败的原因。

（3）以上都是近年来在微博流行的，以显示自己“又瘦又美”的挑战，一度风靡网络，也引发了不少人的容貌焦虑。但其实这样的身材，在医生的眼中并不是健康的代表。比如在骨科医生眼中，这些身材优势恰恰与不少骨科疾病密切相关。所以不要轻易地追求这种身材，也希望同学们能真切地看见健康的美丽。

二、团体转换阶段：你有容貌焦虑吗

（1）爱美之心，人皆有之。但是我们现代人极度追求“高富帅、白富美、白幼瘦”，使得“美”的概念变得单一，再加上美图软件的盛行，“滤镜拯救人生”等口号兴起，我们对美的要求也随着社会的要求而变化，从而产生焦虑。下面让我们测测，我们是否会有容貌焦虑。以下情况（量表内容见附录），如果符合你自己的情况，请拍掌，让我们看看哪一条大家的掌声是最响亮的。

（2）容貌焦虑的原因：调查发现，自卑心理（53.51%）、普遍流行的单调审美（51.68%）、过于期待他人认可（49.39%）、互相攀比的心理（47.51%）是导致容貌焦虑的主要原因。

（3）容貌焦虑的危害：丧失自信，逐渐自卑。容貌焦虑听起来好像仅仅是因为外貌所产生的焦虑，实际上，你一旦患上了这种焦虑，就会变得不自信。对自己吹毛求疵，做什么事情都畏手畏脚，生怕别人关注到你容貌上面的瑕疵。这在一定程度上会对你的心理造成影响，从而阻碍学习和生活。

三、团体工作阶段：什么才是“美”

（1）观看视频：播放国内首部女性独白剧《听见她说》第一集《魔镜》，剧中女主角正是一位为容貌焦虑的女孩。片尾她的个人独白“一定得是巴掌脸吗？一定得是九头身吗？一定得是筷子腿吗？一定得高吗？一定得白吗？一定还得瘦吗？”发人深省。

（2）介绍疤痕实验。在一次心理科学实验活动中，心理学家征集了10位志愿者，请他们参加一个名为“疤痕实验”的心理研究活动。10名志愿者被分别安排在10个没有任何镜子的房间里，并被详细告知了此次研究的方法：通过以假乱真的化妆，将他们变成一个面部有疤痕的丑陋的人，然后在指定的地方观察和感受不同的陌生人对自己的反应。

心理学家请电影化妆师在每位志愿者左脸颊上精心地涂抹上逼真的鲜血和令人生厌的疤痕，然后用随身携带的小镜子使每位志愿者都看到自己脸上的疤痕。当志愿者在心中记下自己可怕的“尊容”后，心理学家收走了镜子。之后，心理学家告诉每一位志愿者，为了让疤痕更逼真、更持久，他们需要在疤痕上再涂抹一些粉末。事实上，心理学家并没有在疤痕上涂抹任何粉末，而是用湿棉纱把假疤痕和血迹彻底擦干净了。然而，每一位志愿者却依然相信，在自己的脸上有一大块令人望而生厌的伤疤。

志愿者被分配到各大医院的候诊室，装扮成急切等待医生治疗的患者。候诊室里人来人往，全都是陌生人，在这里志愿者可以充分观察和感受人们的种种反应。实验结束后，当心理学家向志愿者询问时，他们的感受出奇地一致。众多陌生人看向自己的眼中，缺乏善意，似乎人们都在回避他们的伤疤，甚至还有人觉得别人在议论自己。

志愿者脸上是没有疤痕的，那为什么他们还会有被别人特殊对待的感觉呢？其实这只是人们内心对自己的看法，即“心理性疤痕”。把内心对自己的看法投射到别人身上时，会以为别人就是这样看自己的。所以真正让人焦虑的，不是大众审美，也不是别人的议论，只是我们对自己的不满足以及偏见。

（3）邀请同学们自愿分享对该环节的感受。

（4）给每位同学分发一张白纸，邀请每位同学思考并在白纸上写下：我觉得自己很棒或者我很享受的事情，至少写五件事，同时在白纸上写下自己的姓名。

（5）在小组中彼此交换每个人的白纸，要求每个人除了自己之外，还要为自己的其他组员写下至少一个该组员的闪光点，写好之后给下一位组员接龙。依此类推，每个人将收获至少五件自己认为很棒的事情和五个别人评价的优点。

（6）对白纸上所写下的事件和特质进行浏览与分类，有多少点跟自己的身材、体重、外貌有关？如果无关，那么这些都是什么类型的特质？由此，让同学们有所感悟：自我价值和我们的身材、外貌、体重并没有那么强的相关性，我们可以建立多元审美观与自我价值观，用很多方法爱自己、为自己增值。

四、团体结束阶段：我是最美丽的人

教师说明游戏规则：

由教师首先在班级中大声喊：魔镜，魔镜，谁是最美丽的人？ ××× 是最美丽的人。被点名的 ××× 马上站起来，回答：××× 是最美丽的人，然后继续提问：魔镜，魔镜，谁是最美丽的人？××× 是最美丽的人。被点名的 ××× 马上站起来自问自答，继续接龙，如此循环反复，直到全班同学的名字被不重复地点到。如果重复喊了某位同学的名字，则重复点名者要接受小小惩罚。

结语：不要因为外表的不好看就低估自己，甚至影响自己的自信心与生活。如果仅仅拥有好看的外表而无内在的品质，这种美也不过是一时的“镜中花，水中月”，一碰即逝。不是每个人都有机会长得漂亮，可是每一个人都有机会活得漂亮。

附录

《社会容貌焦虑量表》是由加拿大心理学家哈特（Hart）等人编制的。

· 我满足于自己的外貌表现力。

· 在拍照时我会紧张。

· 对于他人的关注，我会产生不安情绪。

· 我担心外貌会成为不被人喜欢的理由。

· 我担心自己的外貌缺点被他人议论。

· 我担心别人认为我的外貌不具有魅力。

· 我害怕自己的外貌没有吸引力。

- 我担心外貌会阻碍自己的人生发展。
- 我发现外貌使我失去了很多机会。
- 在与他人谈论外貌话题时我会感到紧张。
- 我会焦虑于他人谈论我的外貌。
- 我会焦虑于自己的外貌达不到他人的要求。
- 我担心自己的外貌获得他人的负面评价。
- 我会因为别人发现了我的外貌缺点而不愉快。
- 我焦虑于外貌会成为影响感情的负面因素。

应对恐惧有妙招

梁英俊

【理论支撑】

系统脱敏法是目前治疗焦虑最广泛使用的心理方法，其原理为：用放松来对抗焦虑，一次一次重复，以缓解焦虑情绪。本课程通过原因的讲解和技术的使用两个方面来教导学生应对考试焦虑。

【设计过程】

一、团体暖身阶段：抓手指游戏

抓手指游戏规则：

（1）请学生站起来围成一圈，保持安静；

（2）请学生伸出左右手，左手掌心向下，右手伸出食指向上；

（3）教师读一篇故事，当学生听到“恐惧”这个关键词的时候，左手抓对方的手指，右手手指想办法迅速逃离。

二、团体转换阶段：什么是系统脱敏法

原理：目的是用放松来对抗焦虑。优势是用放松替代原来的焦虑、恐惧。一次一次重复可缓解焦虑情绪。

练习：列出大家上节课完成的《恐惧情景列表》，并给每个情景打分（1～10分），按照恐惧程度从上至下排列。

恐惧情景列表

序号	情景	评分（1～10分）	序号	情景	评分（1～10分）
1	听别人谈论考试的事情	1	6	高考前一周	6
2	看到别人在考试	2	7	高考前一晚	7
3	自己参加小考试	3	8	去考场的路上	8
4	自己参加期末考试	4	9	自己坐在考场上	9
5	自己参加毕业考试	5			

三、团体工作阶段：学习系统脱敏法

1. 练习一：感受焦虑

在老师的描述下，想象一个你比较害怕的情景，并且在老师描述的过程中，记住你的感受（呼吸、心跳和其他感觉）。

2. 练习二：复习放松方法

复习腹式呼吸法和想象暗示法（想象一个愉悦的场景）。

3. 练习三：情景模拟（结合考场音效，进行音乐疗法）

指导语："老师将会模拟高考的场景，在场景当中遇到任何紧张的情景都可以使用以上的放松方式。"

场景一：6 月 7 日清晨，微风和煦。你和同学穿过熟悉的校园小道，来到实验楼前，看到班主任正在发放准考证，科任老师和同学们握手、拥抱，你信心满满地走向考场。

场景二：广播停止、铃声响起，监考老师当众启封试卷袋。试室里很安静，只听到风扇的转动声。你感觉喉咙有些干涩，手心微微出汗。你调整呼吸，想象海边吹来阵阵微风，清凉畅快，头脑感到很清晰……

场景三：铃声再次响起，监考老师开始依次分发答题卡、试卷。你听到纸张发出沙沙声，看到试卷越来越近，你开始有些紧张了。别着急，请你慢慢地加深呼吸。你躺在一望无际的草原上，看着湛蓝的天空白云飘过，感到非常平静。

场景四：考试铃声响起，你很快进入答题状态，顺利地完成了前半部分的题目，但接下来的这道题目很陌生，你怎么也想不出解答方法。时间一点一点过去，你的手心开始出汗，心跳渐渐加快，头脑感到空白。这时，先控制情绪，紧握你的双手，对自己说"停"，中断慌乱的思绪，调整你的呼吸，告诉自己别着急……慢慢地，随着慌乱感消失，你试着回忆相关的知识点，一点一点，找回了记忆。

四、团体结束阶段

（1）考前坚持正面暗示，想象具体形象的开心画面和正面的自我鼓励。21 天能让自己变得更自信。

（2）将自己最害怕的情景按等级记录下来，使用系统脱敏法练习。

“美”的失窃案

吴沁吟

【理论支撑】

自我客体化是容貌焦虑的心理机制，就是个体从第三者视角来看待和评价自己的外表，并将自己当作一个基于外表被观看和评价的物品，这是一种片面的自我认识。

【设计过程】

一、团体暖身阶段：剧本导入，引入主题

介绍《“美”的失窃案》故事背景：

城北的街上新开了一家“容貌焦虑”体验店，门口立着一块牌子，写着：“带着你的美来，看看它是怎么消失的？”小A是一名探店爱好者，还未有过容貌焦虑的小A毫不犹豫地扎进了体验店中，1个小时后，小A从体验馆出来却拨打了报警电话，要求警方帮助其寻找自己失窃的“美”。而“美”又是从何时、何处被偷盗的呢？

下面请各位心灵警察以小组为单位，根据小A的口供，分析判断其“美”失窃的原因，以及是从何时、何处被偷盗的。

早上8：00，小A进入体验店的大门，大门有两条通道，一条通道写有“美人专用通道”，另一条通道并无文字。小A抬头看了看文字，思考片刻后选择了无文字通道进入场馆。

8：10，小A抵达了体验馆的第一个场馆——弹幕馆，场馆中有一块巨大的电子屏幕时时滚动弹幕，小A看见的第一条弹幕是：“这个穿白色T恤，背紫色背包的女孩长得真眼熟。”她低头看了看自己身上的着装，心想：“这应该是在说我吧！”紧接着第二条弹幕就弹出来了：“长得像我乡下杀猪的二姨。”小A有些怀疑地看着弹幕，若干条弹幕陆续弹了出来：“手臂再细些或许就会好看一些。”“不过她眼睛还挺好看的。”“眼睛和某明星比还是差了些。”“女孩子怎么可以不留长发呢？”“啊，她就是很普通的长相。”“出门还是化妆好一些。”……小

A 想继续看看大家还会说些什么，但是她似乎感觉自己在这个空间很难继续待下去，想赶紧向下一个场景迈进。

8：40，逃离了场馆一的小 A 深呼吸一口气，发现场馆二中有一面镜子，镜子上方写有一句话——认识你自己。小 A 皱着眉看了看镜中的自己，发现镜中自己“不够立体的侧脸”“略微肥胖的手臂”“凌乱的短发”“似乎有些土味的穿搭”……小 A 的眉头越皱越深，长长叹了口气后飞速地离开体验馆。

9：00，小 A 走出体验馆，因自身“美”的失窃与容貌焦虑的产生，拨通了报警电话。

邀请小组代表进行分享。

答案解析：

① 8：00，“美”失窃的第一个原因是小 A 并没有认识到自己的美，也不知道美的标准是多样的。美人专用通道和无文字通道在外化小 A 内心美的标准，一些流行的理想美标准并不是美的唯一正确答案，每个人都可以拥有自己关于女性 / 男性美的答案。

② 8：10，“美”失窃的第二个原因是小 A 未能客观地看待社交媒体的信息，受社交媒体的力量所影响。

③ 8：40，“美”失窃的第三个原因是小 A 并没有接纳自己的容貌，没能更完整、积极地认识自我。

思考：“美”是否真的失窃？
小 A 的“美”其实一直都在，只是自己暂时没发现而已。

二、团体转换阶段：“美”的显现剂

关注自己的容貌是很正常的事情，但是当我们过度关注自己的容貌、觉得自己不好看时，可能就产生了容貌焦虑。那我们可以做些什么呢？

1. 认识美的标准是多样化的

一些流行的理想美标准并不是美的唯一正确答案，每个人都可以拥有自己关于美的答案。谈谈你眼中的美是什么样的，你会发现每个人其实都有不一样的标准。

2. 客观地看待社交媒体的信息

根据媒介形象理论，媒体呈现的内容通常是有理想化偏向的，我们在社交媒体上看见的很多图片都是经过修整的。同理，当我们在社交媒体上展示自己时，也会倾向于展示好的部分，并对自己的形象进行一定程度的美化，所以在浏览网络信息时，客观地看待信息有助于缓解容貌焦虑。

3. 接纳自我容貌

在理智上我们都知道美的标准不唯一，但感性上我们可能还是想更接近那个所谓的标准。所以要想真正缓解容貌焦虑，我们需要真正地接纳自己的容貌。比如塔拉·韦尔（Tara Well）提出的“镜子凝视”的办法可以帮助我们接纳自己的容貌。

三、团体工作阶段：更完整、积极地认识自我

1. 活动一：播放视频《美的定义》

视频中出现的例子：素描师根据来访者自我的描述和他人的描述进行绘画。在将两幅画进行对比的过程中可以发现，我们经常会忽略自己的美，而放大自己的缺点。

由于自我客体化的思维方式，我们可能会不断地将自己和社会理想的标准相比，而这样的理想化比较可能让我们产生自我否定，这种自我否定还可能会延伸到其他领域。因此自我的认识有时并不是全面的，我们需要从其他角度更加完整、积极地认识自我。

2. 活动二：如何帮助产生容貌焦虑的朋友——彩虹留言板

帮助产生容貌焦虑的朋友不用说服的方式，而直接采用赞扬的方式，例如“你眼睛很明亮”，赞扬时需有理有据、不夸张。

活动规则：利用黑色背夹将彩虹留言板夹在自己的后背，做好准备后，当听到音乐播放即可以在教室内走动，可以在任何一名同学的彩虹留言板上写下对方的优点，大力地表扬对方，帮助他/她看到更好的自己。至少收集5名同学的留言。

活动结束后分享自己是否有新的收获与发现。

3. 活动三：布置作业——问问朋友、家人的看法

我们身上可能有些自己坚持认为是缺点的外貌特征，不妨问问家人、朋友，这些特征在他们看来是怎样的，或许会有意外的收获。

4. 塔拉·韦尔的“镜子凝视”办法

①找一个安静的地方，让自己保持舒服的状态，面对镜子静默凝视5~10分钟。

②在凝视过程中，我们唯一需要做的就是和镜子中的自己坐在一起。

③当我们感到紧张时，请闭上眼睛、放慢呼吸，将注意力放在身体感到紧张的地方，想象这种紧张会随着呼吸而缓慢消失。

④思考自己在镜子中看到了什么，这些东西是自己喜欢的还是不喜欢的。

⑤观察自己的脑中是不是浮现出一些不喜欢自己或批判自己的想法，试着不去关注这些想法，也不强行让这些想法消失，只是看到这些想法，告诉这些想法

“我看到你来了”，让这些想法悬浮在那里即可；再慢慢地将注意力转移至镜子中的自己。

这个方法可以帮助我们接纳自己的容貌。随着使用“镜子凝视”方法的次数增加，我们能够接纳自己的感受，能够看到自己脸上不完美的地方，但不会再去批判它。

四、团体结束阶段

美国科研人员进行过一项有趣的心理学实验，名曰“疤痕实验”。他们向参与其中的志愿者宣称，该实验旨在观察人们对身体有缺陷的陌生人作何反应，尤其是面部有伤痕的人。每位志愿者都被安排在没有镜子的小房间里，由好莱坞的专业化妆师在其左脸做出一道血肉模糊、触目惊心的伤痕。志愿者被允许用一面小镜子照照化妆的效果，照完后，镜子就被拿走了。关键的是最后一步，化妆师表示需要在伤痕表面再涂一层粉末，以让疤痕更逼真、更持久。实际上，化妆师用纸巾偷偷抹掉了化妆的痕迹。对此毫不知情的志愿者，被派往各医院的候诊室，他们的任务就是观察人们对其面部伤痕的反应。规定的时间到了，返回的志愿者竟无一例外地叙述了相同的感受——人们对他们比以往粗鲁无礼、不友好，而且总是盯着他们的脸看！可实际上，他们的脸上与往常并无二致。他们之所以得出那样的结论，是错误的自我认知影响了他们的判断。

待客之道

黄挚靖

【理论支撑】

情绪调节是指个体管理和改变自己或他人情绪的过程。高中生情绪体验丰富，具有不稳定性、强烈性、自控能力差的特点。高中生基本能觉察和识别自己的情绪，但面对情绪的起伏，大多还是采用被动应对的模式，缺少自主应对的情绪调节策略。因此，帮助学生对情绪进行分离，掌握适合的情绪调节策略，能引导学生学会驾驭情绪，成为良好情绪的管理者。

【设计过程】

一、团体暖身阶段

欣赏鲁米的诗歌《客房》。

人的身体是一间客房，每天清晨都有客人来访。

快乐、抑郁、卑鄙，一些记忆的片段就像意料之外的访客。欢迎并款待它们！即使它们是一串伤心事，粗暴地扫荡你的房间，抢走了所有的家具，你仍然要真诚地对待每一位访客。它可能会为了新的喜悦将你洗劫一空。阴暗的念头，羞耻，恶意，在门口碰到它们，笑着并邀请它们进门，感谢每一个来访的客人，因为它们每一个都是来自远方的领路人。

同学们，这首诗歌里的客人是什么？鲁米用艺术的方式形容了我们和情绪的关系。

二、团体转换阶段

让我们伴随着轻音乐，来制作《情绪客人来访登记表》，一起认识一下来到我们身边的访客有哪些。

制作方式：用不同颜色的笔或者不同的符号，表示不同的情绪。

情绪客人来访登记表

	早读	第一节	第二节	第三节	第四节	第五节	第六节	第七节	第八节	第九节	傍晚	20时	21时	22时	23时
周一															
周二															
周三															
周四															
周五															
周六															
周日															

问题思考：每种情绪的比例在一周内的分布如何？自己客房里的访客有什么样的特点？

情绪是指我们对于各种客观事物或对象的内心感受，这是一种主观而真实的个人体验。大家每一天的生活流程都一样，但是我们情绪体验是很丰富的。

三、团体工作阶段

同学们，你们对于情绪客人的到来都抱着一种什么样的态度去迎接呢？其实，每一个情绪客人都不是无缘无故来到我们身边的，它们总带着某些使命。

介绍萨提亚的情绪冰山理论：我们就像一座漂浮在水面上的巨大冰山，能够被外界看到的行为表现或应对方式，只是露在水面上很小的一部分，大约只有八分之一露出水面，另外的八分之七藏在水底。而暗涌在水面之下更大的山体，是长期压抑并被我们看不见的“内在”。揭开冰山的秘密，我们会看到生命中的渴望、期待、观点和感受，以及真正的自我。

根据情绪冰山理论，我们能了解到行为和情绪里隐藏着我们的期待与渴望。接下来，让我们一起观察一下这五位客人代表到来的使命。小组针对五位情绪客人（快乐、愤怒、焦虑、低落、平静）展开讨论，梳理情绪背后隐藏的需要。

情绪背后的需要

情绪客人	期待（对自己、对他人、来自他人）	渴望（人共有的，被爱、可爱的、被接纳、被认可、有目的、有意义、自由、有价值、被尊重）
快乐		
愤怒		
焦虑		
低落		
平静		

同学们，我们怎样更好地接待情绪客人呢？请仔细观察一下自己的《情绪客人来访登记表》，看看两种情绪之间的转换是怎么发生的，当时你是怎么处理的。

组织小组进行情绪管理方法头脑大风暴，从认知和行为两种类型出发，尝试归纳总结适合高中生的待客之道。

四、团体结束阶段

总结方法：认知上，如情绪日记、情绪 ABC 理论，识别以及转变不合理信念等；行为上，如运动、绘画、听音乐、聊天、校园散步等。

寻找快乐水

黄挚靖

【理论支撑】

快乐是最常见的积极的主观体验。人们常关注此时此刻的快乐，也会从过去（回忆）和未来（期望）中获取并强化快乐。积极心理学家米哈里·契克森米哈赖（Mihaly Csikszentmihalyi）提出当人们在做自己非常喜欢、有挑战并且擅长的事情的时候，便会体验到一种“心流”（flow）的状态，让人们充满能量、产生高度的兴奋及充实感。这也是保持快乐体验的重要方法。

【设计过程】

一、团体暖身阶段：感受快乐的流动

教师邀请学生参加笑点争霸台。教师先抽取一位学生，由该学生抽取其对手。赢了的学生作为擂主，接受下一位学生的挑战。

难度 1：双方一开始先背对对方，当听到“开始”，同时向后转，看着对方，限制时间为 15 秒。下一位学生需要逗笑擂主并且自己没笑，才算挑战成功。

难度 2：擂主观看笑点密集视频剪辑，擂主能坚持看完整个视频都不笑，则代表成功。结束后邀请学生分享憋笑过程的挑战度如何。

总结：快乐是一种极其容易被传染的情绪，会让我们不由自主地跟随。快乐也是流动的，可以在生活中发现它、创造它以及传播它。

二、团体转换阶段：收集快乐水

（1）同学们，你们眼中的快乐是什么样子的呢？观看《2021 我的快乐定义》。

（2）制作快乐水。每个人都有细碎的快乐，藏在我们的生活角落里，让我们将它收集起来，存放好。在快乐小瓶子上涂上颜色，注入快乐水，并写好标签（快乐的来源）。

每组创作完自己的小瓶子后进行分享和讨论，派出一人作为代表，将组内收集到的快乐联想词写在黑板上，为班级大瓶子注入快乐水。

三、团体工作阶段：快乐水的高级形态

（1）介绍心流体验：同学们，快乐水还有一种高级形态，它可以让人忘记时间，进入一种全神贯注、投入忘我的状态，能收获满满成果和幸福，让人体验到愉悦和充实感。心流理论之父、积极心理学奠基人米哈里·契克森米哈赖提出“心流”概念，指的是我们全心投入地做事情时的感觉。积极心理学创始人马丁·塞利格曼提出：满意的感觉就是什么时候时间为你而停止，什么时候你发现，现在做的正是你一直想做的，而且你希望永不停止！心流的组成条件见下图：

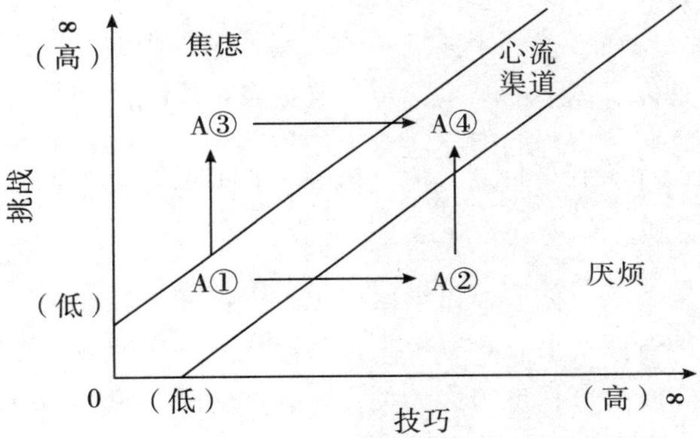

（2）体会心流体验。聆听音频，体会3分钟正念心流。

（3）创造心流体验。

同学们，我们在日常生活中怎么样创造这种心流体验，让自己拥有高级快乐水呢？积极心理学家本沙哈在他的书籍《幸福的方法》中给我们提供了一个方法，叫MPS模式。我们可以通过3个关键问题找准自己的高级快乐水。请按照顺序思考以下三个问题：

M：Meaning，意义——什么带给我意义？什么给了我使命感？

P：Pleasure，快乐——什么带给我快乐？什么是让我觉得幸福的事情？

S：Strengths，优势——我的优势是什么？做什么事是我的强项？

以上三个问题的答案，可以填写在下面的圆圈中。

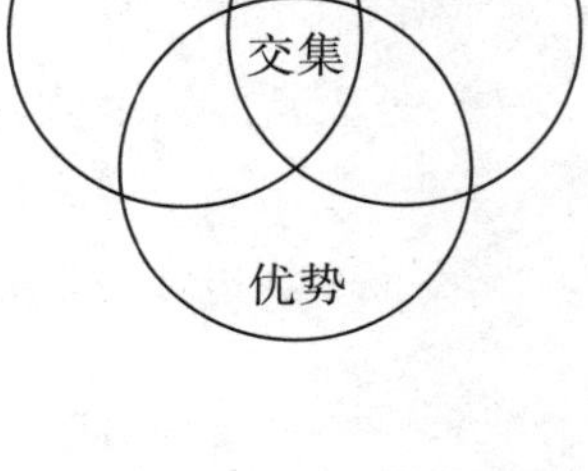

找出其中的交集，这样的事情就是最能使你产生心流的事情。

四、团体结束阶段

结语：人的注意力总是有限的，尤其是面对这么高强度的学习任务。希望同学们把自己有限的精力集中在美好的事物上，让自己的快乐水源源源不断。相信这些美好的事物也会变得越来越好，让我们的快乐流动起来。

附录：心流体验的正念文稿（参考）

音频链接：https://www.bilibili.com/video/BV1ra4y1T7F4/?spm_id_from=333.999.0.0

文稿参考：首先，请让自己安稳地坐好，保持身体的稳定，当你准备好了，就慢慢闭上眼睛。现在寻找一个锚点，让它接下来成为你专注的对象。它或者是你的呼吸，或者是你身体上的某个部位，又或者是周围的声音。找到了吗？当你找到了这个锚点之后，将你的所有注意力都投放到这个锚点上面。看看自己是否可以完全沉浸在这个锚点上。如果不自觉走神了，就重新将注意力带回来。很好，不知道你刚刚做得怎么样？是否有一刻能完全抛开其他干扰，把注意力放在自己的锚点上？接下来，你可以再继续回想一下，在过往你是否有过类似的心流时刻，比如沉静地看一本书、画一幅画，甚至是玩一次游戏，在这个过程中你完全忘记了时间，周围的事物也与你无关。有这样的时刻吗？如果有的话，再在脑海中试着体会一下那种沉浸的感觉。很好，现在请慢慢地睁开眼睛。

天使与恶魔

李梓楣

【理论支撑】

情绪 ABC 理论是由美国心理学家埃利斯创建的，该理论认为诱发事件 A（Activating Event 的第一个英文字母）只是引发情绪和行为后果 C（Consequence 的第一个英文字母）的间接原因，而引起 C 的直接原因则是个体对诱发事件 A 的认知和评价而产生的信念 B（Belief 的第一个英文字母）。即人的消极情绪和行为障碍结果（C），不是由某一激发事件（A）直接引发的，而是由于经受这一事件的个体对它不正确的认知和评价所产生的错误信念（B）所直接引起的。

【设计过程】

一、团体暖身阶段：趣味竞赛

（1）请每个小组选择一名组员代表，通过《现代汉语词典》查找几个字，看看哪位小组代表查得又快又准（告诉大家字的读音及解释），教师负责计时。

（2）谈一谈：你在查找的过程中感受最深的情绪体验是什么？

师：（询问刚才负责查找的小组代表）通过刚才激烈的组间比赛，你在查找过程中感受最深的情绪体验是什么？

生 1：刚看到字的时候很茫然，不知道要怎么查。

生 2：不知所措，特别是第一个字，都没偏旁部首的。

生 3：很紧张，特别是看到其他小组代表在拼命翻页时。

生 4：好害怕其他小组有人已经查出来了，有点焦虑。

生 5：很着急，想快点找到答案。

教师小结与导入本课主题：紧张、害怕、焦虑、着急，其实都是我们压力的具体情绪表现。那么，今天我们就一起来探讨与压力相关的话题。

二、团体转换阶段：无处不在的压力

教师引导：在我们的学习生活当中压力无处不在，那么同学们能够分辨出下面这三幅图片分别代表哪三种类型的压力吗？

（1）PPT 上呈现三张图片。

生（齐说）：学习压力、竞争压力、人际交往压力。

师：在这些压力中，你们这段时间感到最大的压力是哪一类？

生 1：学习压力，马上要期中考试了。

生 2：学习压力，作业好多啊，怎么都做不完。

生 3：学习压力，作业多得连睡觉时间都不够了。

（2）PPT 上呈现思考问题：若没有压力，会出现什么情况呢？

师：既然你们压力那么大，那如果今天老师变一个魔术，将学习压力变没了，会出现什么情况呢？

生 1：好快乐，太爽了！

生 2：这是我梦寐以求的生活呀！

生 3：一点都不爽，没有了压力，我都不知道要干啥了。

生 4：就是，没有了学习压力，那我还来学校干吗呢？

生 5：没有压力就没有动力。

（3）PPT 上呈现思考问题：压力多大才算合适呢？

师：看来压力太大不行，会被压垮；而压力太小也不行，正所谓“没有压力就没有动力”。那压力要多大才算合适呢？

生 1：一点点吧，肯定不要像现在这样，作业怎么写都写不完。

生 2：我刚好能扛住就好了。

生 3：适中呀！

教师小结并过渡：看来同学们都很聪明，都知道压力要适中才是最合适的。那在你们的生活中，都有哪些事情给你造成压力呢？请同学们与我一起走进这一环节——我的压力有谁知。

三、团体工作阶段：我的压力有谁知

师：老师在课前已经在每个小组的桌上放置了一张圆形标靶。现在请同学们回忆，近段时间里都有哪些事情给你造成压力呢？请大家以小组合作的方式，按照顺时针或逆时针的顺序依次传递，将自己遇到的压力事件写在该圆形标靶中，影响越大越接近靶心。注意，若相应的靶环上已填有你认同的压力事件，仅需要在该压力事件旁标注“☆”即可，例如，在第二靶环上已填有“人际交往压力”，你认同该压力事件应处于第二靶环位置，就在旁边用“☆”标注。

师：现在请同学们看看你们小组的这张圆形标靶，被标注“☆”最多的压力事件都有哪些呢？

生 1：学习压力。

生 2：人际交往压力。

生 3：作业压力。

生 4：睡眠压力，每天都睡不饱。

教师小结并过渡：虽然同学们写的压力事件五花八门，但个性当中还是存在共性的，对你们影响最大的压力事件是学习压力，其次是人际交往压力。那面对这些压力我们该怎么办呢？接下来我们先进行一个心理游戏——一本词典的接力。

四、团体结束阶段：一本词典的接力

师：刚才我们用词典进行了一轮小小的组间趣味竞赛。现在我们还以该词典作为本次心理游戏的道具，请大家仔细阅读本次游戏的规则。

游戏规则：

（1）词典需以顺时针或逆时针的顺序依次传递，当词典传递到小组内的某位同学时，请该同学单手托举词典并扮演“凡人”的角色，而词典左边的同学扮演“天使”的角色，词典右边的同学扮演“恶魔”的角色，剩余同学扮演“倾听者”的角色。

（2）扮演凡人者说出在这段时间里，最能让自己感到压力的事件。

（3）恶魔是要让凡人压力更大，即说出使凡人压力更大的话。请注意，恶魔不能对他人进行人身攻击。

（4）天使帮助凡人解除压力，说出使凡人压力变小的话。

（5）每次由恶魔先说 30 秒，再换天使说 30 秒，并由小组内扮演“倾听者”角色的某位同学负责计时，每个人皆轮过三个角色为止。

（6）凡人在说出压力事件后将保持绝对的“沉默”，不能出现“辩驳”的现象，一旦出现该现象负责计时的同学必须立即打断；请负责计时的同学严格把控好时间。

师：我发现同学们在这个游戏中都非常投入，都能非常积极地参与，其中不乏将“天使”和“恶魔”角色扮演到位的同学，特别是“恶魔”的角色。相信在这个游戏过后，同学们有很多话想说。下面就请同学们以小组的方式一起来讨论一下这个问题：扮演凡人时，面对天使和恶魔的话，你的感受如何？在魔鬼和天使的话中，哪句话更能增压或减压？

师：同学们不仅游戏积极投入，讨论也非常热烈，大家都将在刚才游戏中的感受与组员进行了分享，我相信其他组员也很想了解大家的讨论结果。那么接下来，我就邀请同学们一起来分享一下自己的感受吧。

生 1：我好想揍那个扮演恶魔的同学，太气人了。他竟然说我不是学习那块料，不管我怎么努力成绩都提不上去，还让我面对现实接受现状，我不甘心。

生 2：扮演天使的同学好好哦，虽然我的人际交往不怎么样，但她鼓励我慢慢来，让我多参加集体活动，通过集体活动多接触同学。

生 3：天使的话让我内心感到特别温暖，恶魔的话太让人讨厌了，他那一句“你的发型这么丑，怎么能完成本次比赛呢”让我倍感压力，因为本来我对本次比赛心里就没底，他这样一打压我更没有自信了。

生 4：天使的话说到我心坎里了，让我听得好开心，恶魔的话是将我原本感到恐惧的事情变得更可怕了，很不喜欢他，由于不能“辩驳”，我在内心已经将他骂了千百遍了。

教师小结：看来同学们在面对天使和恶魔的话时，更喜欢天使的话，对于恶魔的话大家都是特别讨厌的。其实天使和恶魔是我们在面对压力事件时的两种思维方式——积极的思维方式和消极的思维方式，而不同的思维方式将会给我们带来不同的情绪反应，这就是心理学上的情绪 ABC 理论。

大树的一生

吴沁吟

【理论支撑】

善用机缘论中克朗伯兹（1998）认为生活事件无论是偶发的还是计划的，之所以能让一些人重新设定目标，而让另一些人丧失目标，归根结底在于不同人应对生活事件的态度和方式不同。这不仅适用于职业生涯，也适用于日常生活。

【设计过程】

一、团体暖身阶段：介绍课程主题

大家可以看到我们今天的课程主题为“大树的一生”，如果大树的生命有阶段，会有哪几个阶段？你会怎么划分？分为生长期和衰老期，还是幼苗期和开花期？或许大家会有很多种划分方式。

二、团体转换阶段：种子变变变

1. 活动一：种子变大树

讲解规则：在今天的游戏当中，各位的初始角色都是一颗种子，游戏将各位的人生分为了两个阶段。

阶段一：由一颗种子变成一棵树苗。

阶段二：由一棵树苗变成一棵大树。

那如何由一颗种子变成一棵大树呢？

（1）大家开始的身份都是“种子”。

（2）两人为一组，“种子”与“种子”用剪刀石头布进行 PK。

（3）胜的一方由“种子”变成“树苗”。

（4）“树苗”找“树苗”PK，胜的一方变成“大树”，输的一方保持不变。

（5）“大树”再找“大树”PK，活动大约 3 分钟。

2. 活动二：分享环节

（1）刚才的游戏中你经历了哪些过程？

（2）你有什么体验和感受？

在刚刚的游戏中大家会发现，大多数的大树一生都是起起落落的，很少有一直保持大树状态的选手，这和人的一生的状态也有相似的部分。

三、团体工作阶段

我们可以看到，树的成长不仅需要我们刚才所说的运气的存在，还需要我们去抓住每次的机遇。这一轮我们将来体验一个卡牌游戏——身份牌。请同学们围坐成一个正圆，等会儿会在你们的中间发放若干张身份牌。身份牌中有明牌，也有暗牌。

身份牌的作用：当你拿到身份牌后，你就可以从种子、树苗或者是大树转变为一个新的角色，改变自己的命运。

规则：

（1）根据口令（树干、树枝、树叶、树根）触碰身体相应的位置。

（2）当听到“抢”的口令才能拿牌。

思考与分享：

（1）闭上眼睛一分钟，想象一下，从大树变成手中身份牌的角色，你可能经历了什么样的过程？或者中间会有什么有趣的事情？

（2）你是否喜欢这个角色？为什么？

四、团体结束阶段：树脑风暴

这个阶段部分同学会再次获得改变命运的机会。

规则：

（1）逐次以“大、树、的、一、生”五个字接龙。

（2）在接龙时，每组有 10 秒的思考时间。

（3）可以同音调，不同字。

（4）前面已经讲过的后面不能再说。

（5）每组起始拥有 5 次换牌机会，依据游戏情况减少次数。

思考与分享：

（1）三个阶段都是哪些角色？角色故事发生了什么样的转变？或者你一直在坚持持有同一个卡牌角色？

（2）你在现实生活中有类似的经历吗？

总结：今天的游戏将各位的人生划分为三个阶段，第一个游戏中我们可以看到运气和机遇对于我们命运走向的重要影响。在第二个游戏中，同学们可用一种乐观的心态去尝试每一张卡牌下面的可能性。在第三个游戏中，大家通过自己的实力以及团队协作，还有自己的积累，去获取改变自己命运的机会。人生也是如此，每一个阶段都会呈现不一样的生命状态，你拿到的是一张“R 卡”还是一张“SSR 卡”取决于我们自己怎么定义。人生不会总是低谷，低谷的来临就意味着我们要上坡了！

乐小球的《快乐秘籍》

单佳楠

【理论支撑】

马丁·塞利格曼的幸福心理学由几个相互交织的要素构成，这五个要素可以缩写为 PERMA。P = 积极情绪，Positive Emotions； E = 投入，Engagement；R = 人际关系，Relationships； M = 意义，Meaning； A = 成就，Achievements。

【设计过程】

一、团体暖身阶段

1. 开启绘本

这一节课，我们回到童年，一起来读一本特别的故事绘本——《乐小球的〈快乐秘籍〉》。

2. 快乐实验（以 PPT 动画展示）

（1）绘本主人公介绍：乐小球（觉得生活里快乐的事情多）、唉小球（觉得生活里充满不快乐）。

（2）实验过程：两个小球分别滚过装满了银色铁屑和黑色泡沫屑的滑道，结果乐小球沾满银色铁屑，变得银光闪闪，很开心；唉小球沾满黑色泡沫屑，变得灰头土脸，很难过。

（3）思考：两个小球呈现不同变化的原因是什么？

（4）总结：

①特质不同：一个为磁铁球，一个为黏性球。

②选择不同：乐小球吸引铁屑，并借银色铁屑隔开了泡沫屑。

（5）引出主题。

二、团体转换阶段：快乐实践

（1）规则（以 PPT 动画展示）：请随机选择一个故事，尝试帮助其中的主人公摆脱困扰；以小组为单位进行讨论，并派代表分享。

（2）案例故事（内容见 PPT）：《我让爸妈失望了》（家庭期望）；《她为什么不理我》（异性交往）；《我怎么那么笨》（学习问题）。

（3）讨论与分享。

（4）总结。

三、团体工作阶段：快乐秘籍

师：我将刚才同学们的方法加以总结提炼，写进了乐小球的《快乐秘籍》中，下面，我们一起试着帮助唉小球，让他不再唉声叹气，转“唉”为“乐”吧！

1. 唉小球的困扰——话题终结者

昨天唉小球回到宿舍时，发现舍友们聊得热火朝天，他想过去加入，结果大家却马上不聊天了，还各自走开了。他觉得舍友们讨厌自己，因而很苦恼。

2.《快乐秘籍》五步法

第一步：区分事实与想法。

事实：唉小球来到后舍友结束聊天。

想法：舍友讨厌唉小球。

第二步：寻找支持 / 不支持自己想法的证据。

不支持的证据：昨天小 A 帮他打了饭；今早小 B 叫他起床；中午小 C 和他主动打了招呼。

支持的证据：暂无。

第三步：思考事件的其他可能。

其他可能：他们在秘密计划给他过生日；他们刚好聊完了某个话题；他们在聊这次的成绩，怕他多想。

第四步：思考最坏的可能及应对策略。

最坏的可能：他们确实讨厌他，进而疏远他。

应对策略：即便他们讨厌他，他也可以通过沟通改进；除了舍友，他还有其他朋友，并不是世界末日。

第五步：总结和形成新的结论。

新的结论：他们聊天结束不代表讨厌他；即便是讨厌他，他依然有朋友，可以生活得很好。

四、团体结束阶段

（1）思考：令你印象最深的是哪个环节？为什么？对你的生活有怎样的影响？

（2）分享。

（3）总结。

第五章

活出生命的意义

《生命安全与健康教育进中小学课程教材指南》指出，良好的学校生命安全与健康教育有助于学生树立正确生命观、健康观、安全观，帮助学生树立关爱生命、热爱生活的观念，形成健康意识，养成健康生活方式，提升健康素养。基于此，本章设计了“手持灯盏，放飞希望”“人生长宽高”等主题心育课例。

手持灯盏，放飞希望

刘 宇

【理论支撑】

青春期学生，随着对自我关注的增加，会对自己各个方面更为敏感和在意。在与他人有意无意的比较中，外形、能力等都有可能成为他们自卑的源头。罗伯特·麦克吉博士在他的《寻找意义》一书中指出，人在思考自身时，经常陷入四种“误区”——表现误区（The Performance Trap）：我必须达到某种标准才会自我感觉良好；指责误区（The Blame Trap）：那些失败者不值得被爱，理应受惩罚；认可误区（The Approval Trap）：我必须得到某人认可才感觉有价值；羞愧误区（The Shame Trap）：我永远就这样了，没希望了，不可能改变了。本节课通过主题团体体验活动，让学生对自己和他人的生命故事进行体悟，不断发掘生活中使其愿意为之活着、值得为之活着的内容，从而使学生获得现实的生活意义，得到生命的自我肯定，并将直观感性的体验上升到理性的总结思考，培养学生的生命意义感。我们可以通过主动寻找自我发展的内在动力，找回对生命的敬畏之心。

【设计过程】

一、团体暖身阶段：引出主题

1. 引入希望与咸鱼话题

通过展示烛光图片询问学生感受：摇曳的灯光带给你们什么感觉呢？

“温暖、希望、光明、能量……”生活中是否经常体验到这些感受呢？有体验过较为负面的感受吗？比如“摆烂、失落……”

讲述《咸鱼表情包的对话》漫画。

问题1：咸鱼看上去是“好吃懒做”“没有梦想”“荒废学业”，你对于咸鱼有什么看法呢？

问题2：外界如何定义咸鱼？

2. 引出电影《雄狮少年》

电影中有这样的咸鱼队伍，主角师徒4人组成强仔咸鱼队参加醒狮大赛，他们都是外人口中典型的咸鱼形象。

阿娟：瘦弱、贫穷、成绩不好。

阿猫阿狗：丑陋、肥胖。

师傅阿强：挣钱少，热爱舞狮。

这样的一群人想夺得舞狮大赛的冠军，可能吗？这些“咸鱼们”在舞狮的生命旅途中会体验到什么不一样的感受呢？

二、团体转换阶段：开始冥想，小组扮演

1. 主体活动前的生命冥想

学生跟随冥想指导语进入状态。

冥想指导语：

现在请大家选择一个最舒适的坐姿，轻轻地闭上双眼，跟随我的声音——

目光所及尽是黑暗，你们往前走了许久，又往后走了许久，周围始终是无边无际的黑暗。黑暗中什么也没有，只有无数股阴冷、潮湿的气息攀上你们的鞋子，绕着你们的面庞打转，钻进你们的血肉。寒冷刺入骨髓，寂静摄人心魄，黑暗仿佛要让你们所有人发疯。唯有靠近中间这盏唯一的灯，才能让人感受到温暖。

你们突然明白，原来这是属于死亡的空间，而这盏灯是你们唯一的生还机会。你们仿佛忘记了自己的一些故事，灯的周围有你们的信息提示，查看并回忆你的人生故事。在你们之中只有一个人能拿着灯回到“生之领地”。每个人都要说服其他人，说明自己最应该出去。

请你带着此刻的感受和思绪，慢慢睁开双眼，查看你的信息卡。

2. 主体活动：获取“生之灯盏”

每组 8 ~ 9 位同学围成一个圈，桌面上有一盏电子蜡烛灯，设定场景是大家都处于危机之中（见指导语），只有一个人能拿着灯出去。每个人拿到自己的角色卡后开始思考如何说明自己最应该出去。

分享内容包括：

（1）我是谁？是什么让我觉得自己最应该活下去？如何说服其他人把“生之灯盏”给予我？

（2）我把票投给了谁？他 / 她的故事中有哪些打动我的情节？

（3）你对于最终结果有什么看法？

通过体验活动和学生分享，意识到每个生命都是宝贵的、有价值的，不能随便放弃生命，生命值得尊重。

请学生思考并小组讨论：象征生命之光的灯盏，为什么有时候被我们遗忘？

是哪些因素让我们觉得自己无价值感，哪些因素让我们觉得自己是条“咸鱼”？

三、团体工作阶段：结合案例，提升自我价值感

1. 小组代表分享总结自我价值评估来源

外貌长相；父母或者家庭中其他重要的人；关系圈（老师、班主任、同学、朋友）；自己的成就（成绩 / 表现 / 金钱 / 地位等）；别人的评价或者社会的评价等。

2. 咸鱼变雄狮——电影案例分享

《雄狮少年》主人公阿娟最开始的目标是去广州见父母，在广州他遇到了舞狮。舞狮带给了他不一样的体验，让他第一次体验到成就感。父亲卧病在家后他只能去打工，生活压弯了年轻人的脊梁，但经过一系列故事他仍旧站上了舞狮大赛的舞台。他计算了擎天柱的宽度后，还是决定跳过去，以向上挑战的心态最终将代表精神与希望的狮头挂在了擎天柱上。故事采用了留白手法，没有告诉我们结局，可我们都知道阿娟的生命之火彻底被点燃了，他永远保持希望与毅力，相信奇迹！

引发思考：如果那条要跨越的沟壑是我们要面临的生活难关呢？你想到了哪些应对策略？

四、团体结束阶段：自我赋能三通道

1. 在学习中感受创造

比如电影主人公阿娟在学习舞狮中体会到个人能力的增强，获得了个人成就感。

2. 自主选择应对困难的态度

虽然阿娟遇到不可抗拒的挫折，但他依然自主选择应对困难的态度，那就是面对它，解决它！

3. 体验知识、美和爱

体验真善美，感悟生活和生命的美好，拥有更多爱的体验。阿娟在练习舞狮过程中收获了友情、师徒情、亲情。

有时人们可能无法辨别事物的真正价值，有时别人对我们的评价（标签）并不能代表我们真正的价值，有时我们不能持守自己的价值，甚至允许别人拿走自己的独特价值。每个人都是独一无二的，人生来就有价值。保持希望，心怀理想踌躇志，规划人生正当时。

人生长宽高

李梓楣

【理论支撑】

奥地利著名心理学家、意义疗法创始人维克多·弗兰克尔认为人的存在是由身体、心理和精神三个层次所构成的，人都有探索自己生命意义的需要和驱动力。因此，本节课将从漫画《人生意义和甜甜圈》中姐弟关于“人生意义”的对话，对“医者钟南山”人物故事的分析，以及建构自己的生命容器这三方面引导学生从自然生命（生命的长度）、社会生命（生命的宽度）和精神生命（生命的高度）三个角度对生命进行探索与思考。

【设计过程】

一、团体暖身阶段：折纸

（1）请学生随机拿取一张纸（大小自选），并用这张自选的纸完成教师的指令（PPT 呈现相应的折纸示意图）。

（2）引导学生思考：如果这个纸盒用来盛放你的一生，你满意吗？为什么？

教师小结并引出本节课的主题：看来有部分同学是不满意的，觉得这个纸盒太小了，不足以盛放自己的一生。如果只是简单地要求大家，将手中自认为过小的盒子变大，你会怎么做？选取一张更大的纸，也就是通过大纸来增加盒子的长度、宽度和高度。但如果这个小盒子象征着我们的人生、我们的生命，我们又可以做些什么来增加生命的长宽高呢？欢迎同学们与我一起走进今天的心理课堂——人生长宽高。

二、团体转换阶段：漫画欣赏《人生意义和甜甜圈》

说到生命，就绕不开生命意义这个话题，那生命的意义，或者说人生的意义到底是什么呢？关于这个话题，这里有对姐弟为此展开了一段对话，我们一起来看一幅漫画。

（1）PPT 呈现漫画《人生意义和甜甜圈》的前半部分。

（2）小组思考与讨论：你认同漫画中姐姐的回答“人生是没有意义的”吗？为什么？

（3）教师小结：看来大家都不认同姐姐的观点，觉得姐姐的观点过于消极。同时很多同学认为我们的生命还很长，还有那么多事情等着我们去做，而这些就是生命的意义呀。那我们可以做些什么事情来让我们的生命有意义呢？我们先来看看下面这则人物故事。

三、团体工作阶段：人物故事

1. PPT 呈现“医者钟南山”的人物故事

钟南山，1936 年 10 月生，1960 年毕业于北京医学院（今北京大学医学部），广州医科大学附属第一医院国家呼吸系统疾病临床医学研究中心主任，中国工程院院士，第十一届光华工程科技奖成就奖，2003 年抗击“非典”先进人物。同时，他还是世界卫生组织亚太地区执委会理事、吸烟与健康医学顾问、爱丁堡大学荣誉博士、国际胸科学会特别会员。

钟南山在疫情防控期间，领导医疗团队撰写新冠诊疗方案，开展疫情防控工作安排会议，跟众多医学者探讨新冠的救治工作。他在重症救治和科研攻关等方面做出了重大贡献。

在他的家里，除了书多外，运动器具也不少，有跑步机、单车、拉力器、单杠、哑铃等。他在大三那年作为运动生代表参加了北京市高校运动会，获得 400 米跑第一名；在 1959 年首届全运会上以 54.4 秒的成绩打破 400 米栏的全国纪录，一举夺冠。1961 年，他还获得了北京市运动会男子十项全能亚军。

请同学们边看“医者钟南山”的人物故事边寻找以下问题的答案：钟南山院士的年龄、他的社会角色及成就地位、兴趣爱好、突出贡献。

思考：若将刚才找到的钟南山院士的年龄、他的社会角色及成就地位、兴趣爱好、突出贡献这四个方面，按照自然生命、社会生命、精神生命进行划分的话，你会如何划分呢？请说出你这样划分的理由。

2. 生命容器

（1）自然生命、社会生命、精神生命三者的定义。

自然生命指的是年龄，它是生物学层面的。

社会生命指的是我们在社会上承担的社会角色、获得的成就地位、自己的兴趣爱好，它是社会学层面的。

精神生命指的是我们竭尽自己所能为国家、为社会、为民族、为他人做出的贡献（这个贡献既可以是像袁隆平、钟南山那样的突出贡献，也可以是对困难群众伸出援助之手的贡献，还可以是你对待工作呕心沥血的贡献，更可以是你陪伴、守护有需要之人的贡献），当这些贡献在世人的记忆中留下印迹后，我们的生命就变成“永恒”。它是心理学和哲学层面的。

（2）钟南山院士的自然生命、社会生命、精神生命。通过刚才的人物故事分析，大家会发现钟南山院士今年已经85岁高龄了。但他依旧担任各种社会角色，并为国家、社会做出了许多突出的贡献，获得了斐然的成绩，同时他在自己热爱的体育运动中也斩获诸多奖项。钟南山院士的85岁高龄就是自然生命，钟南山院士所承担的各种社会角色、他的成就地位及他的兴趣爱好就是社会生命，钟南山院士在这些社会角色上为国家、为社会做出的突出贡献就是精神生命。

（3）立体的生命容器。倘若我们将自然生命比作你们刚才折的小盒子中的长，社会生命比作宽，精神生命比作高，那么，我们就可以通过它们来扩大这个象征我们生命小盒子的容量，让我们的生命容器变得更长、更宽、更高。

3. 构建“我”的生命容器

从这个由自然生命、社会生命、精神生命形成的方形容器中我们不难发现，我们的生命是有“厚度”的，而这种“厚度”正是由自然生命的长、社会生命的宽、精神生命的高所给予的。可以通过它们让我们的生命容器变得更长、更宽、更高。请同学们结合自己的现状、人生理想、人生规划仔细思考，按以下要求逐步完成手中的这份作业单。

（1）作业单上是一个待完成的生命容器。

（2）我们的生理年龄就是自然生命。请大家结合自身实际，确定自己期望的岁数，并在代表自然生命长度的横线上标注出来。例如，你期望自己的岁数是75岁，就用有颜色的笔在自然生命长度的75刻度值处画一条短竖线。

（3）期望是美好的，但期望的落实是需要付诸行动的。那么现在就请同学们仔细想一下，你可以做哪些事情来保障你期望的岁数，并将这些事情写在作业单的第一个小问上。

（4）社会角色、成就地位及兴趣爱好共同组成了社会生命。请大家想想，你期望做多少事情、具体是哪些事情来拓展社会生命，将事情的数量标注在社会生命宽度的横线上，每一小格代表一件事情。例如，你期望你能做7件事情来拓展，就请在相应的第7个小格子上标注数字7。同时，请将具体做的事情写在作业单的第二个小问上。

（5）竭尽自己所能为国家、为社会、为民族、为他人做出的贡献就是精神生命。请大家想想，你期望做多少事情、具体是哪些事情来提升精神生命，将事情的数量标注在精神生命高度的横线上，每一小格代表一件事情。例如，你期望你能做5件事情来提升，就请在相应的第5个小格子上标注数字5。同时，请将具体做的事情写在作业单的第三个小问上。

（6）请根据你在图上的标注，用有颜色的笔将相应的虚线画成实线，并先将“自然生命”与“精神生命”连成一个矩形，再将“精神生命”与“社会生命”连成一个矩形，最后按照立体方形图的模式连接起来，构成属于自己的生命容器。例如，我这里给大家呈现的图样，是我根据“医者钟南山”的人物故事勾画出来的。

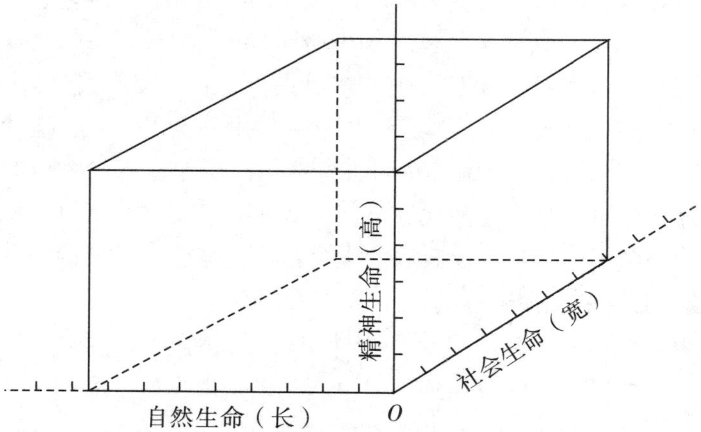

PPT 上呈现的图样

（7）请为这个属于你个人的生命容器起一个名字，并把它写在作业单的相应位置处。

（8）请将你手中的这个带有你个人命名的生命容器，与你同组成员分享交流，并完成这份作业单上的最后一问：与同组成员分享交流后自己的感想或启发。

四、团体结束阶段

人的生命不是一维的线性存在，也不是二维的平面性存在。它是集自然生命之长、社会生命之宽、精神生命之高于一体的立体构筑。我们可以通过保障自然生命的长度、拓展社会生命的宽度以及提升精神生命的高度来丰富它。同时，这个生命容器是因人而异的，并非一次就能填满，它还需要大家在以后的生活中不断去扩大，形成更具个人特色的生命容器。这就是每个人赋予生命意义不同解释的原因。

第六章

揭开爱情的面纱

《中小学心理健康教育指导纲要（2012 年修订）》指出，高中年级心理健康教育目标是要帮助学生正确对待和异性同伴的交往，知道友谊和爱情的界限。基于此，本章设计了“怦然心动”“朋友之上，恋人未满”等主题心育课例。

怦然心动

肖　涵

【理论支撑】

步入高中，随着生理和心理的不断发展，异性交往的需求与渴望也愈演愈烈。异性交往是人生发展的必修课，爱情的美好建立在成熟的心智之上，高中生需要树立正确的爱情观，把握异性交往的尺度。

【设计过程】

一、团体暖身阶段：心动剧场，沉浸观影

当你听到心动一词你会联想到什么画面呢？请各位同学分享对心动的联想，并带着对心动一词的理解，自行组队。在“教室门口偶遇”“收到他 / 她的微信消息”“篮球场打球”“课堂不经意对视”4 个场景中选一个场景，小组合作创作心动剧本，限时 5 分钟。创作灵感既可以是自己的亲身经历，也可以是朋友的故事，还可以是还原经典的偶像剧作。

创作完毕后邀请同学们上台演绎心动剧本，其他同学沉浸观影感受青春悸动。有同学小心谨慎、反复斟酌给对方发去的每一个字、说出的每一句话，也有同学因为得到他 / 她的回应而欣喜若狂、辗转反侧，还有同学躲在人群中声嘶力竭只为给他 / 她加油。作为青春期的我们，少男少女的心动，不用多说，其实都悄悄藏在心里，表达在眼睛里。其实心动是我们成长中普通而正常的体验，我们都会在某个美好的瞬间，被某种你喜欢的特质所吸引，不禁心跳加速。

二、团体转换阶段：心动故事，懵懂青春

关于你的心动有哪些故事呢？请写下你的心动故事，画出心动瞬间的代表场景或物品，并对你心动前后的状态评分。如果目前没有心动经历的同学可以尝试联想自己欣赏的奥运冠军、文艺工作者等。

请同学们根据自身实际情况，对心动前后自身状态进行评分。1～10 分，分数越高表示状态越好。

自身状态评分

自身状态	心动前	心动后
情绪控制		
学习专注		
睡眠情况		
人际关系		

认真观察心动前后的评分结果，因为这段关系，你的状态是越来越好，还是越来越差了呢？青春期的心动青涩而美好，如同少年提笔的诗篇。在懵懂之中有人奋勇直前成为更好的自己，有人却在情绪中沉沦。成熟地安置心动，才能一直花开，一直盛夏。

三、团体工作阶段：携手向阳，安放心动

1. 观看视频

学生时期的心动欲言又止，却又明目张胆。女主自从有了心动男生后，总是偷偷了解男生的喜好。每当听到男主谈论喜欢的女明星后，就会从性格、言行、穿着等方面进行模仿。直到在一次模仿长发女星的过程中，女主为了更还原形象而戴了假发片。体育课上，假发片不幸掉落在男主的前面，女主感到尴尬不已。此时男主并未嘲笑，而是表明心意，喜欢的并非她模仿出来的各类女明星，而是她本人。

你是否和女主一样，也曾因为喜欢一个人而伪装成另外一个人，只为取悦对方？为他 / 她改变言行，为他 / 她辗转反侧无法学习，为他 / 她身心俱疲……一段好的关系会是什么样的体验呢？

2. 理论链接：爱情四象限理论

复旦大学沈奕斐老师提出“爱情四象限理论”来回应一段好的感情状态。她在探讨爱情模式的时候，首先定义了两条坐标轴——横轴是快乐，从左到右越来越快乐；纵轴是成长，从下往上成长得越来越好。这两个维度划分出四个区域，对应四种爱情模式。

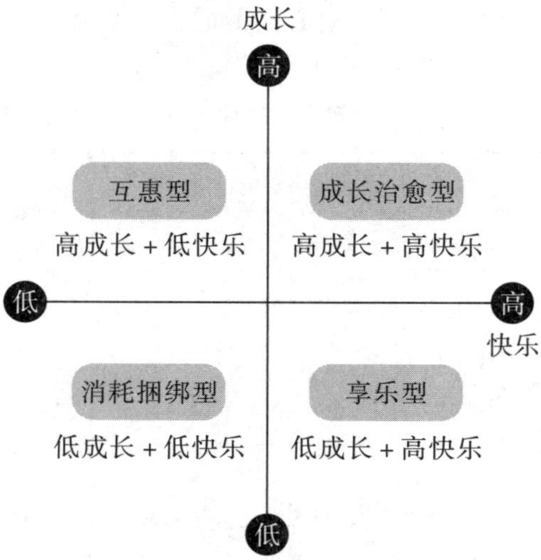

四种爱情模式

（1）享乐型爱情（低成长 + 高快乐）：享乐型爱情是一种以高快乐和低成长为特征的爱情类型，其追求热烈的激情和浪漫的体验，关注个体的感受和享乐。这种爱情类型的快乐体验来源于生理层面的刺激，例如对方的外貌、体型等，以及精神层面的刺激，例如想同对方一起体验不同的事物。然而这种类型的爱情模式可能缺乏长期稳定的深层次交流，忽略个人提升和成长。

（2）互惠型爱情（高成长 + 低快乐）：互惠型爱情是一种以高成长和低快乐为特征的爱情类型。在这种爱情关系中，不以激情和快乐为主要目标，注重个人成长提升认知开阔视野，两个人相互扶持和促进，在相处过程中促使自身变得更完善。虽然可能缺少激情和快乐，但这种爱情关系能够带来深层次的成长和满足感。

（3）消耗捆绑型爱情（低成长 + 低快乐）：消耗捆绑型爱情是一种对个人成长和快乐产生负面影响的关系。在这种关系中，一方通常表现出对另一方的强烈控制欲。他们试图掌控对方的行为、思想和情感，缺乏对对方的尊重，缺少个人空间。在这段关系中双方往往无法获得持久的幸福感与满足。如果在这段关系中，你时常感到不快乐，对方总是贬低你、限制你的社交关系以及经常提出你做不到的要求，符合其中两点你就需要警惕你是否已经陷入消耗捆绑型爱情中了。

（4）成长治愈型（高成长 + 高快乐）：成长治愈型爱情是一种高成长和高快乐的关系，它不仅能不断激发你探索世界的欲望，还能让你有更多的愉悦体验。一般而言，这种关系的建立是从“享乐型”和“互惠型”开始的，经过努力和时间的积累，逐渐发展为“成长治愈型”。这种爱情模式强调双方的共同成长和发展，在相互理解和支持的基础上，让彼此的生命更加充实和美好。

爱如同一首诗，唱响了我们内心深处的篇章。它从心灵深处涌现，汇聚成无限的情感。它渴望被看见但也需要被珍惜。面对青春期的心动，我们如何更好安放，与美好不期而遇呢？

3. 安放心动，与美好相遇

（1）丰富内涵，自尊自爱：物以类聚，人以群分。优秀的人往往也会被优秀的人吸引，所以将心动化为你前行的动力，努力学习，丰富自身内涵，拓宽视野，探索更广袤的世界。对自我有正确认知，珍惜生命，尊重自己的身体和灵魂，接纳自身的美好和缺点。无论这份心动是否有结果，都将提升自我的生命价值。

（2）平等对待，尊重理解：无论爱与被爱，双方都应该被平等对待，尊重对方的感受和想法。不以爱的名义进行道德绑架，不以青春的炙热而冲动排他和占有，也不因这份心动而出现困扰对方的过激行为和言语。让双方一起在这份心动里感受理解、治愈和力量。

（3）谨言慎行，不传谣言：年少最大的秘密便是害怕喜欢的人知道这份心动，但又害怕他 / 她不知道，更怕他 / 她知道而装作不知道。双方任何互动都可能牵动心绪，所以这份心动也只有当事人才能更好地决定如何处理，而旁人的起哄甚至脑补谣言都会对当事人造成伤害。因此我们都需谨言慎行，保持对他人的善意也是青春独有的浪漫。

四、团体结束阶段：探索关系

结语：青春期的心动青涩如同未成熟的果实，在春日含苞待放，期盼在夏日盛放。但心中情愫并非越浓越好，深深的话浅浅地说，长长的路慢慢地走。你若灿烂，便山无遮海无拦！

朋友之上，恋人未满

孙 遥

【理论支撑】

根据性意识发展的阶段理论得知，高中生正处于积极接近异性的爱慕时期。他们非常愿意接近异性，同时又对异性交往充满困惑。

【设计过程】

一、团体暖身阶段

你认为“朋友之上，恋人未满”是一种什么样的状态？讲解性意识发展阶段及特点：

（1）两性疏远期（10～12岁）。

（2）性意识初步形成的爱慕期（12～17岁）。

①喜欢表现自己。希望得到异性的肯定。

②感情交流浅。两性接触时，感情交流比较隐晦含蓄，常以试探的形式进行。

③交往对象广泛。一般说来，周围的同龄异性，只要有某种契机拨动了自己感情的琴弦，就有可能成为亲近的对象。易言之，爱慕的对象不是确定的、单一的。

④向往年长异性。

（3）性意识成熟的爱慕期（18岁以后）。

二、团体转换阶段：异性间是否有纯粹的友谊

第一步：分组。甲方：异性间存在纯粹的友谊；乙方：异性间不存在纯粹的友谊。

第二步：代表发言，两方各派出男女生各一名发言。

第三步：自由发言，双方自由发言陈述自己的观点。

教师总结：在异性交往中，友情和爱情的界限有时候会很模糊，所谓“朋友

之上，恋人未满”可以说是男女朋友的“实习”阶段——对一般的朋友关系而言，你们多出了对彼此的好感和交往的兴趣；对正式的恋爱关系而言，你们还没有正式确立身份和做出承诺——应该这样说，你们还没有确认爱情本身，你们是在试试看。你们心中有爱情的种子，为它浇水松土施肥，但还没有看见爱情的花朵。

三、团体工作阶段

辨一辨：是“友情”还是“爱情”？观看视频 *Friend and More Friend*。

通过视频给学生直观的感受体验，思考异性交往中普通朋友关系和超出朋友关系的区别。

提问：①你认为异性之间有纯粹的友谊吗？②当“朋友之上，恋人未满”时，该如何面对？

总结：归纳“爱情”和“友情”的区别。

四、团体结束阶段：如何把握异性交往的“分寸”

讲述希腊故事，启发“分寸”的重要性。

希腊神话中，海域的那边住着海妖塞壬三姐妹。她们坐在一片花丛中，唱着有蛊惑魔力的歌。甜蜜的歌声把过往的船只引向该岛，然后撞上礁石船毁人亡，无一幸免。英雄奥德修斯要经过这片海域，他想听到海妖美妙的歌声，又不想受到蛊惑。于是他吩咐水手们用蜡塞住耳朵，把他拴在桅杆上，并叮嘱部下，经过这片海域时，绝不要理会他的呼喊和手势。奥德修斯听到了迷人的歌声，他绝望地挣扎着，向侍从大声叫唤着，要他们驶向正在唱歌的海妖。但没人理他。船员们驾驶船只一直向前，直到最后再也听不到歌声，才给奥德修斯松绑。而海妖三姐妹中的老大深深迷恋着奥德修斯，当他的船只走后，她就自尽了。

故事的最后，奥德修斯抵御住了诱惑，海妖却因为迷恋他而自尽了。这告诉我们，暧昧是个残酷的斗争，谁动情谁牺牲。

总结：珍惜，避免互相伤害；体验，在关系中成长！

亲爱的，别靠我太近！

孙 遥

【理论支撑】

人类学家观察发现，人与人之间在面对面的情境中，常因彼此间情感的亲疏不同而不自觉地保持不同的距离：最亲密的人，彼此可以接近到 0.5 米；有私交的朋友，彼此可以接近到 0.5～1.25 米；一般公共场所的陌生人间距离通常维持在 3 米以上。此种因情感亲疏而表现的人际间距离的变化，在心理学上称为人际距离（Interpersonal Distance）。

【设计过程】

一、团体暖身阶段

在一个陌生的环境中，你会怎么选择车厢座位呢？

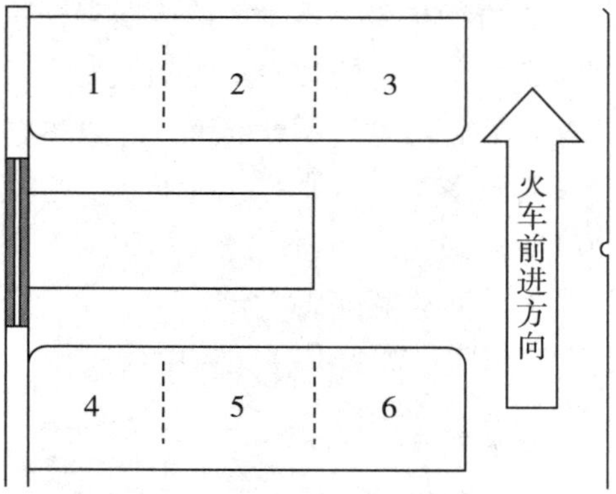

车厢座位图

根据研究发现：在面对面的两排空座位前，第一个人通常会选择靠窗并与车开动方向一致的位置 4；第二个人则选择与第一个人对角的 3，也就是离他最远的座位，这就是保持安全距离原则，即不对面原则；第三个人则选择与前两个人不对面并与车开动方向一致的位置 5，这样可以更舒服，腿也能伸开，而且还能避免面对面产生的对抗感；第四个人就没那么幸运了，他通常只能选择与第一个人相对的位置 1；剩下的两个位置，外侧的、与车开动方向一致的 6 通常会先被选走；最后一个人只能坐在另一侧中间的 2。

二、团体转换阶段

1. 人际距离的定义

人人都有保护自己个人空间的本能，尤其是在公共场合，大家扮演的角色非常特殊，彼此都是陌生人却要保持良好的关系。这种情况在心理学上有一个词十分形象，叫做“人际气泡”。

人际气泡会随接触的人不同而改变大小，面对陌生人时这个气泡相对熟人来说会更大。每个人都不想别人侵犯自己的个人空间，所以在公共场合选择位置时都尽量远离陌生人。

2. 人际距离的分类

亲密距离（0~0.5 米）：这是恋人之间、夫妻之间、父母子女之间以及至亲之间的交往距离。亲密距离又可分为近位和远位两种。

近位亲密距离在 0~15 厘米之间。这是一个“亲密无间”的距离空间，在这个空间里内，人们可以彼此肌肤相触，能直接感受到对方的体温和气息。恋人之间极希望处于这样的空间，在这样的空间里，双方都会感到幸福和快慰。

远位亲密距离在 15~50 厘米之间。这是一个可以肩并肩、手挽手的空间，在这个空间里，人们可以谈论私事，说悄悄话。

社交距离（0.5~1.5 米）：在这一距离里，若双方都把手伸直，还有可能相互触及。由于这一距离有较大开放性，亲密朋友、熟人可随意进入这一区域。

礼仪距离（1.5~3 米）：人们在这一距离时可以打招呼，这是在正式社交场合所采用的距离。采用这一距离主要在于体现交往的正式性和庄重性。在一些领导人、企业老板的办公室里，其办公桌的宽度在 2 米以上，设计这一宽度的目的之一就在于领导者与下属谈话时可显示出距离和威严。

3 米之外为公共距离，处于这一距离的双方只需要点头致意即可。如果大声喊话，是有失礼节的。

三、团体工作阶段：你身上的那些刺

人与人之间确实需要保持一定的空间距离。在人际交往中，了解人与人之间不同的空间距离及适用范围，能帮助我们觉察自己在关系中对距离的独特需求，有意识地选择与人交往的最佳距离，既保证了自己的心理安全，又不至于侵犯他人。每个人都如此不同，那么你独特的人际距离需求是怎样的呢？

第一步：用文字或者画面描述你身上的刺的样子、颜色、功能、特点等。

回忆你和亲密的朋友或者家人或者恋人之间的一段关于“那些刺”的故事。

第二步：提炼总结，你在亲密关系的磨合中获得哪些人际交往秘籍。

原本我身上全是刺，我不能很好地控制它，它总是会时不时地扎到人，而我也会努力把刺拔掉。可是后来，有个人让我觉得我的刺不能扎在她身上，扎上了痛的是我，不是她。于是我把所有的刺都摁进去了，深深地，全部扎入自己的心里，就为了与她“拥抱”时可以让她更好。

可是……她却是一把剑，最后刺进了我的心，我还没放弃，插着刀，朝她走。到后来，我没有了刺，也没有了心，总会认为别人“带刀而来”。于是我把自己隐藏起来，戴上了微笑的面具，痛苦着，也假装着……

四、团体结束阶段

我们对“人际距离”的独特需要可能与个体成长经历和选择有关，本质上没有好坏之分，是可以被觉察的，也可以调整的。

我眼中的“男神”“女神”

孙 遥

【理论支撑】

12～17岁的青少年处在性意识初步形成的爱慕期，这个年龄阶段的特点是喜欢表现自己；希望得到异性的肯定；感情交流浅；两性接触时感情交流比较隐晦含蓄，常以试探的形式进行。

【设计过程】

一、团体暖身阶段

极限挑战：和异性微笑对视5秒；和身边的3个异性握手问好；和身边的3个异性拥抱拍背。

图片展示：你心中的“男神”有哪些？你心中的“女神”有哪些？

二、团体转换阶段：我眼中的“男神”“女神”

请每位同学分别回答以下问题：

女生：我喜欢的男生类型，我讨厌的男生类型，我认为男生喜欢的女生类型，我认为男生讨厌的女生类型。

男生：我喜欢的女生类型，我讨厌的女生类型，我认为女生喜欢的男生类型，我认为女生讨厌的男生类型。

三、团体工作阶段

分享讨论：你认为的和对方主观喜欢的类型有没有不同？在分享中触动最大、最惊讶的地方是什么？总结分享《少男少女》杂志从全国6 000份调查问卷中得出的结论：

女孩最喜欢这样的男生：①大胆、勇敢的男生；②幽默、诙谐的男生；③思维敏捷、善于变通的男生；④好学、敏捷的男生；⑤团结同学、重友情的男生；⑥集体荣誉感强的男生；⑦有主见的男生；⑧热心助人的男生；⑨有强烈上进心的男生；⑩敢于承担责任，有魄力的男生。

男生最喜欢这样的女生：①经常脸上有微笑、温柔大方的女生；②活泼而不疯癫、稳重而不呆板的女生；③清纯秀丽、笑起来甜甜的女生；④心直口快、朴素善良、随和的女生；⑤聪颖、善解人意的女生；⑥纯真而不做作的女生；⑦能听取别人意见、自己又有主见的女生；⑧坦然、充满自信和朝气的女生；⑨不和男生打架的女生；⑩长头发、大眼睛、说话斯文的女生。

活动：悄悄告诉他 / 她。

活动要求：请在纸条的背面写一句话赞美同班的异性同学（可以赞美个人也可以赞美全部）。心理委员分别回收男生和女生的纸条，教师现场抽取总结。

四、团体结束阶段

（1）客观评价自己和他人，不断完善自己，及时调整自己的行为，每个人都能够成为受欢迎的人！在未来的某一天，你也将成为你的“男神”眼中的“女神”，“女神”眼中的“男神”。

（2）欣赏《那些年》MV。

第七章

解锁生涯的密码

《中小学心理健康教育指导纲要（2012 年修订）》指出，高中年级心理健康教育目标是要帮助学生在充分了解自己的兴趣、能力、性格、特长和社会需要的基础上，确立自己的职业志向，培养职业道德意识，进行升学就业的选择和准备，培养担当意识和社会责任感。基于此，本章设计了“生涯蓝图我做主”“兴趣与志趣”等主题心育课例。

生涯蓝图我做主

黄挚靖

【理论支撑】

根据舒伯的“生涯发展理论”，高中生处于生涯探索阶段（15～24岁），主要的发展任务是通过生涯探索，增进生涯觉知，逐渐澄清发展方向，以完成生涯计划和准备。生涯规划意识的唤醒，能帮助高中生确立现阶段的学习目标。学生有了目标意识就苏醒了，从而能有意识地进行时间管理，合理规划好高中三年的宝贵时光，科学选择职业发展道路，创造美好的未来。

【设计过程】

一、团体暖身阶段：拼图大作战

（1）教师提前准备一些学校风景的拼图碎片，打乱并发放给每组成员。每组需要在5分钟内识别自己的拼图图片，通过与其他组交换，寻找到自己组内适合的图片，并成功将其还原成一整幅图。

（2）拼图设计一共设置三个难度：主线是拼图图片内容分两个难度（一种拼图内容简单，另一种拼图内容含糊），暗线是拼图图片背后右下角有数字提示，相同的数字为同一组图片。

（3）教师选取拼成功和没成功的代表队伍进行分享。在分享中，总结拼图成功或失败的原因。成功的队伍在于识别图片很快或者找到了数字规律，便能在交换过程中目标清晰；失败的队伍则一直磕磕碰碰，每张图片都拿来试试，目标含糊浪费了较多时间。

结语：人生如同一场拼图游戏，哪些节点的拼图是非常关键的？可以总结出来的节点包括中考、高一选科、报考志愿、选择职业。

二、团体转换阶段：看他人故事

1. 书写拼图发展计划

师：同学们，现在有两位同学在他们的人生拼图上陷入了困境，让我们一起来看看他们的故事。

小蓝的故事：我高考分数挺高的，可以上 985、211 的学校。在填写志愿的时候，看到很多同学选了武汉大学，我也跟着报了。又觉得材料成型与控制工程专业这个名字好听，我便选了这个专业。但是入学不久，发现这个专业乏味无趣，很多课程内容自己都不喜欢，我便开始沉迷于网络游戏。因为数次旷课遭到学校除名，最后退学了。我又回到了原来的起点。

小红的故事：我从小对内脏、骨骼感兴趣，梦想成为一名法医。遗憾的是，高考分数不是十分理想。我家是贵州山区的普通农村家庭，家里经济情况比较困难。考虑再三，我便选择就读黔南民族医学高等专科学校，这是一所地方性大专院校。我很喜欢法医这个行业，但发现学校并没有开设此专业。

师：同学们，让我们来分析一下小蓝和小红的生涯发展困境，根据他们的优势和劣势以及结合当下时代发展，为他们撰写后续的拼图发展计划。

教师组织学生进行小组讨论和分享，从中总结小蓝和小红的生涯发展特点。

生涯发展特点

人物	高考结果	填选志愿	大学生活	职业发展
小蓝				
小红				

2. 真实生涯感悟

师：感谢同学们的分享，在实际生活中，他们也早早做出了自己的拼图选择，让我们一起来看看他们真实的生涯故事。

周剑（小蓝）：四进三退的高考奇才。2001 年考入武汉大学材料专业，次年被退学；2002 年再次考入武汉大学化学学院，主动退学；2003 年，第三次参加高考，高分考进华中科技大学材料学院；2005 年 11 月，因学分不够，再次被退学；2006 年第四次参加高考，重新考回华中科技大学材料学院。（来源：百度）

向琴琴（小红）：住进太平间的女孩。2012 年因所在院校没有法医专业，选择临床护理专业来积累知识；毕业后参加成人自考失败了，迫于生计进入殡葬行业。为了进一步了解法医的工作，她直接住在太平间，这样可以第一时间观摩法医的解剖，5 年的时间她接手的遗体有 2 000 余具，观摩及跟台 200 余台解剖手术。2022 年高校护理老师力荐她去参加节目《初入职场的我们》。在节目结束后，她成为法医刘良的徒弟，并收获一份鉴定中心的工作，成为法医老屈的助理。（来源：百度）

思考：是什么在影响他们的生涯发展？对我们的生涯发展有什么启示呢？

总结：他们的故事也再次验证了一句话："今天的生活其实是由昨天你作出的选择和规划所决定的；而十年后甚至未来的境遇则由今天的选择和方向而决定。"

三、团体工作阶段：绘未来蓝图

在讨论中可以发现学生对于未来蓝图还比较迷茫，教师组织大家讨论职业蓝图的组成因素，并制作个人生涯蓝图，初步明确生涯蓝图的关键元素有哪些，为后续的探索方向做好准备。

元素参考：兴趣、优势、性格、工作待遇、社会需求、时代发展等。

四、团体结束阶段

总结：你的生涯蓝图由你做主。心之所向，方能做到不慌不盲，怀着方向，未来所想总会靠近。

附录：施恩的职业生涯发展九阶段论

美国的施恩（Edqar H. Schein）教授立足于人生不同年龄段面临的问题和职业工作主要任务，将职业生涯分为九个阶段。

阶段名称	年龄	角色	主要任务
成长、幻想、探索阶段	0～21岁	学生、职业工作的候选人、申请者	（1）发展和发现自己的需要与兴趣，发展和发现自己的能力与才干，为进行实际的职业选择打好基础 （2）学习职业方面的知识，寻找现实的角色模式，获得丰富信息，发展和发现自己的价值观、动机与抱负，作出合理的受教育决策，将幼年的职业幻想变为可操作的现实 （3）接受教育和培训，开发工作中所需要的基本习惯和技能
进入工作世界	16～25岁	应聘者、新学员	（1）进入劳动力市场，谋取可能成为一种职业基础的第一份工作 （2）个人和雇主之间达成正式可行的契约，个人成为一个组织或一种职业的成员

（续上表）

阶段名称	年龄	角色	主要任务
基础培训	16～25 岁	实习生、新手	（1）要担当实习生、新手的角色，也就是说，已经迈进职业或组织的大门 （2）主要任务是了解、熟悉组织，接受组织文化，融入工作群体，尽快取得组织成员资格，成为一名有效的成员 （3）适应日常的操作程序，应对工作
职业早期	17～30 岁	新的正式成员资格	（1）承担责任，成功地履行第一个工作任务； （2）发展和展示自己的技能与专长，为提升或进入其他领域的横向职业打基础 （3）根据自身才干和价值观，以及组织中的机会和约束，重估当初追求的职业，决定是否留在这个组织或职业，或者在自己的需要、组织约束和机会之间寻找一种更好的配合
职业中期	25 岁以上	正式员工、任职者、主管、经理等	（1）选定一项专业或进入管理部门 （2）保持技术竞争力，在自己选择的专业或管理领域内继续学习，力争成为一名专家或职业能手 （3）承担较大责任，确定自己的地位 （4）开发个人的长期职业计划
职业中期危险阶段	35～45 岁	正式员工、任职者、主管、经理等	（1）现实地评估自己的进步、职业抱负及个人前途 （2）接受现状或者作出具体选择 （3）建立与他人的良师关系
职业后期	40 岁至退休	骨干成员、管理者、有效贡献者等	（1）成为一名良师，学会发挥影响，指导、指挥别人，对他人承担责任 （2）扩大、发展、深化技能，或者提高才干，以担负更大范围、更重大的责任 （3）如果求安稳，就此停滞，则要接受和正视自己影响力与挑战能力的下降
衰退和离职阶段	40 岁至退休		（1）学会接受权力、责任、地位的下降 （2）基于竞争力和进取心下降，要学会接受和发展新的角色 （3）评估自己的职业生涯，着手退休
离开组织或职业——退休	因人而异		（1）保持一种认同感，适应角色、生活方式和生活标准的急剧变化 （2）保持一种自我价值观，运用自己积累的经验和智慧，以各种资源角色，对他人进行传帮带

来源：参考百度百科。

兴趣与志趣

黄　蓉

【理论支撑】

心理学认为，兴趣是一个人经常趋于认识、掌握某种事物，力求参与某项活动，并且有积极情绪色彩的心理倾向。把兴趣与一个人未来职业选择、人生价值相结合，即为志趣。

【设计过程】

一、团体暖身阶段：热身活动——即兴采访

（1）教师依据以下问题，随机对班级同学进行采访。

采访①：你因为哪方面得到的称赞是最多的？

采访②：从小到大，你有没有做过一些事情，你不用太努力，就比别人做得好，或者别人放弃了，你还是乐此不疲？

采访③：当我们欣赏一个人，或许因为对方身上有你的影子，或许因为他们身上有自己想要获取的品质。说说你欣赏的一个人，以及理由。

采访④：假如你可以施展魔法，让自己过上完全衣食无忧、富足的生活。在那个时候，你最想做的三件事是什么？

（2）小结：这些问题都聚焦于探索你的兴趣。

二、团体转换阶段：发现自我——我的兴趣摩天轮

（1）你清楚地知道自己的兴趣所在吗？请你回顾自己的成长经历，参考老师采访的提问，尽可能深入地发掘自身兴趣，填入摩天轮的圆形轿厢中，数量不限。

我的兴趣摩天轮

（2）邀请同学分享，并重点说说自己是如何明确这些兴趣的。

三、团体工作阶段：发展兴趣——兴趣三层次模型

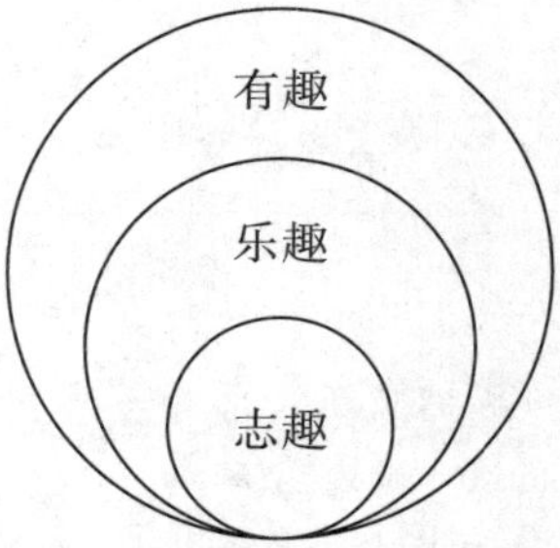

兴趣三层次模型

	归属层次	特点	表现
有趣	感官层（感官兴趣）	新奇的事物往往能激发兴趣，但它容易产生，也容易消失	新鲜的、新奇的、有意思的
乐趣	思维层（自觉兴趣）	兴趣比较聚焦，思维活跃，乐于主动探索，近乎沉迷，自我能动性增强	聚焦的、沉迷的、乐此不疲的、沉醉的
志趣	价值层（职业兴趣）	兴趣与人生价值的结合，个体通过不断学习，提升能力，并渴望发挥能力、创造价值，获得人生意义	有目标的、有追求的

（1）分析自己的兴趣摩天轮，你的兴趣分别属于哪个层次？属于志趣的有几个？

（2）志趣会影响个人未来职业的选择，从志趣出发，你可以联想到哪些职业呢？

我的志趣：____；

我联想到的职业：____。

四、团体结束阶段：拓展志趣——探索我的职业兴趣

通过前面的学习，同学们已经对自己的兴趣有了深入了解。接下来，我们将通过一些资料，进一步明晰自己的职业兴趣。

1. 霍兰德职业兴趣理论

约翰·霍兰德（John Holland）是美国约翰·霍普金斯大学心理学教授，美国著名的职业指导专家。1959 年，他提出了具有广泛社会影响力的职业兴趣理论。该理论认为人格类型、兴趣与职业密切相关，兴趣是人们活动的巨大动力，且职业兴趣与人格之间存在很高的相关性。他提出人格可分为六种类型，见下表。

人格类型

类型	特点	典型职业
社会型（S）	喜欢与人交往、不断结交新的朋友、善言谈、愿意教导别人。关心社会问题、渴望发挥自己的社会作用。寻求广泛的人际关系，比较看重社会义务和社会道德	喜欢与人打交道的工作，能够不断结交新的朋友，从事提供信息、启迪、帮助、培训、开发或治疗等事务，并具备相应能力。如教育工作者（教师、教育行政人员）、社会工作者（咨询人员、公关人员）
企业型（E）	追求权力、权威和物质财富，具有领导才能。喜欢竞争、敢冒风险、有野心、抱负。为人务实，习惯以利益得失、权力、地位、金钱等来衡量做事的价值，做事有较强的目的性	具备经营、管理、劝服、监督和领导才能，能实现机构、政治、社会及经济目标，并具备相应的能力。如项目经理、销售人员、营销管理人员、政府官员、企业领导、法官、律师
常规型（C）	尊重权威和规章制度，喜欢按计划办事，细心、有条理，习惯接受他人的指挥和领导，自己不谋求领导职务。喜欢关注实际和细节情况，通常较为谨慎和保守，缺乏创造性，不喜欢冒险和竞争，富有自我牺牲精神	注意细节、精确度、系统性、条理性，喜欢记录、归档，据特定要求或程序组织数据和文字信息的职业，并具备相应能力。如秘书、办公室人员、记事员、会计、行政助理、图书馆管理员、出纳员、打字员、投资分析员

（续上表）

类型	特点	典型职业
现实型（R）	愿意使用工具从事操作性工作，动手能力强，做事手脚灵活，动作协调。偏好于具体任务，不善言辞，做事保守，较为谦虚。缺乏社交能力，通常喜欢独立做事	对要求具备机械方面才能、体力或从事与物件、机器、工具、运动器材、植物、动物相关的职业有兴趣，并具备相应能力。如技术性职业（计算机硬件人员、摄影师、制图员、机械装配工）、技能性职业（木匠、厨师、技工、修理工、农民、一般劳动者）
研究型（I）	思想家而非实干家，抽象思维能力强，求知欲强，肯动脑、善思考，不愿动手。喜欢独立的和富有创造性的工作。知识渊博，有学识才能，不善于领导他人。考虑问题理性，做事喜欢精确，喜欢逻辑分析和推理，不断探讨未知的领域	喜欢智力的、抽象的、分析的、独立的定向任务，要求具备智力或分析才能，并将其用于观察、估测、衡量、形成理论、最终解决问题的工作，并具备相应的能力。如科学研究人员、教师、工程师、电脑编程人员、医生、系统分析员
艺术型（A）	有创造力，乐于创造新颖、与众不同的成果，渴望表现自己的个性，实现自身的价值。做事理想化，追求完美，不重实际。具有一定的艺术才能和个性。善于表达、怀旧、心态较为复杂	喜欢的工作要求具备艺术修养、创造力、表达能力和直觉，并将其用于语言、行为、声音、颜色和形式的审美、思索和感受，具备相应的能力。如艺术方面的职业（演员、导演、艺术设计师、雕刻家、建筑师、摄影家、广告制作人）、音乐方面的职业（歌唱家、作曲家、乐队指挥）、文学方面的职业（小说家、诗人、剧作家）

大多数人都同时具有多种类型特点，如：一个人很可能同时符合社会型、现实型和研究型。霍兰德认为，这些人格倾向性越相似，相容性越强，则一个人在选择职业时所面临的内在冲突和犹豫就会越少。当个体所从事的职业和他的职业兴趣类型匹配时，个体的潜在能力可以得到最彻底的发挥，工作也表现得更加优异。

2. 加拿大职业分类词典中各种职业兴趣类型的特点与相应的职业

职业兴趣类型

类型	类型特征	适应的职业
1	愿与事物打交道，喜欢接触工具、器具或数字，不喜欢与人打交道	制图员、修理工、裁缝、木匠、建筑工、记账员、会计、勘测人员、机器制造者等
2	愿与人打交道，喜欢与人交往，对销售、采访、传递信息一类的活动感兴趣	记者、推销员、营业员、服务员、教师、行政管理人员、外交联络员等
3	愿与文字符号打交道，喜欢常规的、有规律的活动，习惯于在预先安排好的程序下工作，愿干有规律的工作	邮件分类员、办公室职员、图书馆管理员、档案整理员、打字员、统计员等
4	愿与大自然打交道，喜欢地理地质类的活动	地质勘探人员、钻井工、矿工等
5	愿从事农业、生物、化学类工作，喜欢种养、化工方面的实验性活动	农业技术员、饲养员、水文员、化验员、制药工、菜农等
6	愿从事社会福利类的工作，喜欢帮助别人解决困难。这类人乐意帮助人，他们试图改善他人的状况，帮助他人排忧解难，喜欢从事社会福利和助人工作	咨询人员、科技推广人员、教师、医生、护士等
7	愿做组织和管理工作，喜欢掌管一些事情以发挥重要作用，希望受到众人尊敬和获得声望，愿做领导和组织工作	组织领导 / 管理者，如行政人员、企业管理干部、学校领导和辅导员等
8	愿研究人的行为和心理，喜欢谈涉及人的主题，对人的行为举止和心理状态感兴趣	从事心理学、政治学、人类学、人事管理、思想政治教育研究工作以及教育、行为管理、社会科学工作者、作家等
9	愿从事科学技术事业，喜欢独立思考或实验和发现并解决问题的、推理的、测试的活动，善于理论分析，喜欢独立地解决问题，也喜欢通过实验做出新发现	生物、化学、工程学、物理学、自然科学工作者及工程技术人员等
10	愿从事有想象力和创造力的工作，喜欢创造新的式样和概念，对自己的学识和才能颇为自信，乐于解决抽象的问题，而且急于了解周围的世界	从事社会调查、经济分析、各类科学研究、化验、新产品开发等工作，以及演员、画家、创作或设计人员等

（续上表）

类型	类型特征	适应的职业
11	愿做操作机器的技术工作，对运用一定技术操作各种机械感兴趣，喜欢使用工具，特别是大型的、马力强的先进机器，喜欢具体的东西	飞行员、驾驶员、机械制造者等
12	愿从事具体的工作，喜欢制作看得见、摸得着的产品并从中得到乐趣，希望很快看到自己的劳动成果，并从完成的产品中得到满足	室内装饰人员、园林师、美容师、理发师、手工制作者、机械维修者、厨师等

3. 霍兰德测试

霍兰德代码用于大学专业方向选择，见下图。

学科类别	代码	学科类别	代码	学科类别	代码	学科类别	代码
哲学类	AS	工商管理类	CES	地球物理学类	IR	草业科学类	IRS
中国语言文学类	AS	图书档案学类	CAS	大气科学类	IAS	森林资源类	I
外国语言文学类	AS	管理科学与工程类	ECR	海洋科学类	IR	环境生态类	IRA
新闻传播类	AS	数学类	IRS	环境科学类	IRS	动物医学类	IRS
艺术类	AS	化学类	IRS	环境与安全类	IRS	基础医学类	ISA
历史学类	ASI	生物科学类	ISA	轻工纺织食品类	IRS	中医学类	ISA
林业工程类	AIR	天文学类	IA	生物工程类	IR	药学类	ISR
经济学类	CES	地质学类	IR	农业工程类	IR	体育学类	RSI
统计学类	CE	地理科学类	ISA	公安技术类	IE	职业技术教育类	RSI
学科类别	代码	学科类别	代码	学科类别	代码	学科类别	代码
物理学类	RI	能源动力类	RI	武器类	RI	教育学类	SA
力学类	RI	电气信息类	RI	工程力学类	RI	心理学类	SA
电子信息科学类	RI	土建类	RIE	植物生产类	RI	预防医学类	SI
材料科学类	RIE	水利类	RIE	动物生产类	RI	临床医学类	SIA
系统理论类	RI	测绘类	RIA	水产类	RIE	口腔医学类	SIA
地矿类	RI	化工与制药类	RIC	法学类	SA	护理学类	SA
材料类	RI	交通运输类	RIE	马克思主义理论类	SA	公共管理类	SEC
机械类	RI	海洋工程类	RI	社会学类	SA	农业经济管理类	SCE
仪器仪表类	RI	航空航天类	RI	政治学类	SA		

人社部公布的2019年新职业的霍兰德代码，见下图。

新职业名称	SDS代码	新职业名称	SDS代码
人工智能工程技术人员	IRC	数字化管理师	CEI
物联网工程技术人员	IRC	农业经理人	ECR
大数据工程技术人员	ICR	工业机器人系统操作员	CRI
云计算工程技术人员	ICR	工业机器人系统运维员	IRC
建筑信息模型技术员	AIR	物联网安装调试员	IRC
电子竞技运营师	ECA	城市轨道交通线路工	IRC
电子竞技员	IEC	城市轨道交通列车检修工	IRC
无人机驾驶员	IRC		

资料来源：https：//mp.weixin.qq.com/s/r3eFawKNqWRPU_JHpKLVSA。

天生我才必有用

冯干新

【理论支撑】

本课例以加德纳的多元智能理论为基础，旨在帮助学生找到自己的优势能力。

【设计过程】

一、团体暖身阶段：讲述故事，创设情境

播放开场动画，进入探索之旅。

开场动画剧情简介：

学校有八个不同的社团，分别是思辨社、ATM社团、印际空间篆刻社、合唱团、舞蹈团、志愿者协会、心理社、生物与环境社。

思辨社：这是一个充满创意文字的社团，成员喜欢辩论，喜欢思考，演说、辩论和文学创造是该社团的主要活动。东西南北，其修孰多，南北顺椭，其衍几何，滔滔天问，盛世未央。似未央辩论社，星词碎语，书写新时代春秋。

ATM社团：立足科技领域，致力于给实验学子带来精彩的科技表演，为实验学子提供学业空暇之间的精神休憩之地，并以此激发同学们的兴趣。以宣扬信息技术知识为己任，以立德树人为目标。ATM社团主要活动是航模表演、机器人表演，还包括了计算机编程、3D建模等活动。

印际空间篆刻社里有一群因喜欢设计而聚集在一起的同学，大家可以在艺术楼里利用课余时间去进行篆刻作品设计。

合唱团是唱歌爱好者汇聚的社团，欢迎歌唱能力强的同学加入。主要活动是在学校报告厅训练歌唱，沟通交流。分享音乐之趣，在遣词造句之间，音乐成为比语言更有力量的传递机，传递着我们的悲欢喜乐，炙热温暖。

舞蹈团：热爱跳舞的帅哥美女们在这里集聚。让热爱跳舞的高中生聚在一起。热爱是青春最光亮的保护色，也是梦想的起点。在彰显力量美学的舞蹈中看

到你，也看到自己。青枝缀粉，苍树生春，东方超环的光辉刺破苍穹，普照华夏，我们衣袂翩翩，用舞蹈诠释心中的炽热。

志愿者协会：在这里有丰富多彩的志愿活动，大家在做志愿活动的同时可以学习与人相处的妙方，结交更多的朋友。重岩窅不极，叠嶂凌苍苍，以利民之心，逐浪千里江陵，志愿于心，用心志愿。

心理社：深思自己内心的妙语是这里的特色，擅长通过反思自己找到精神力量。这里会举办很多猜心游戏，以帮助大家进一步认识自我。

生物与环境社：这里的同学喜欢观察大自然，对动物、植物、景观特别有兴趣。毫末之晦，可催生物春华秋实，纳米之极，得化环境草长莺飞。聆听草木枯荣，片羽亦可御风。

二、团体转换阶段：神奇社团，表达喜好

1. 探索活动一：选择最想去的社团

学生选择自己最想去的社团，将印有社团名称的彩纸举在面前，邀请个别学生简单叙述理由。

2. 探索活动二：选择相应的试炼挑战

探索形式一：随机邀请两位学生作为领队，为大家发布自己所感兴趣社团的挑战任务，并邀请在此任务中有优势的成员加入自己的队伍。

探索形式二：全体学生浏览课程任务单上八个社团的主题挑战任务，并勾选出自己觉得可以去尝试的试炼挑战。

三、团体工作阶段：绘制法阵，探索潜能

1. 多元智能理论

（1）语言智能（Linguistic Intelligence）。是指有效地运用口头语言或文字表达自己的思想并理解他人，灵活掌握语音、语义、语法，具备将言语思维、言语表达和欣赏语言深层内涵的能力结合在一起并运用自如的能力。具备这种智能的人适合的职业是：政治活动家、主持人、律师、演说家、编辑、作家、记者、教师等。

（2）数理逻辑智能（Logical-Mathematical Intelligence）。是指有效地计算、测量、推理、归纳、分类，并进行复杂数学运算的能力。这项智能包括对逻辑的方式和关系、陈述和主张、功能及其他相关的抽象概念的敏感性。具备这种智能的人适合的职业是：科学家、会计师、统计学家、工程师、电脑软件研发人员等。

（3）空间智能（Spatial Intelligence）。是指准确感知视觉空间及周围一切事

物，并且能把所感觉到的形象以图画的形式表现出来的能力。这项智能包括对色彩、线条、形状、形式、空间关系的敏感性。具备这种智能的人适合的职业是：室内设计师、建筑师、摄影师、画家、飞行员等。

（4）身体运动智能（Bodily-Kinesthetic Intelligence）。是指善于运用整个身体来表达思想和情感、灵巧地运用双手制作或操作物体的能力。这项智能包括特殊的身体技巧，如平衡、协调、敏捷、力量、弹性和速度以及由触觉所引起的能力。具备这种智能的人适合的职业是：运动员、演员、舞蹈家、外科医生、宝石匠、机械师等。

（5）音乐智能（Musical Intelligence）。是指能够敏锐地感知音调、旋律、节奏、音色等的能力。拥有这项智能的人对节奏、音调、旋律或音色的敏感性强，与生俱来就拥有音乐的天赋，具有较高的表演、创作及思考音乐的能力。具备这种智能的人适合的职业是：歌唱家、作曲家、指挥家、音乐评论家、调琴师等。

（6）人际交往智能（Interpersonal Intelligence）。是指能很好地理解别人和与人交往的能力。拥有这项智能的人善于察觉他人的情绪、情感，体会他人的感觉感受，辨别不同人际关系的暗示以及对这些暗示做出适当反应。具备这种智能的人适合的职业是：政治家、外交家、领导者、心理咨询师、公关人员、推销人员等。

（7）自我认识智能（Intrapersonal Intelligence）。是指善于自我认识，具备自知之明，并据此做出适当行为的能力。拥有这项智能的人能够认识自己的长处和短处，意识到自己的内在爱好、情绪、意向、脾气和自尊，喜欢独立思考。具备这种智能的人适合的职业是：哲学家、政治家、思想家、心理学家等。

（8）自然认知智能（Naturalist Intelligence）。是指善于观察自然界中的各种事物，对物体进行辩论和分类的能力。拥有这项智能的人有着强烈的好奇心和求知欲，敏锐的观察能力，能了解各种事物的细微差别。具备这种智能的人适合的职业是：天文学家、生物学家、地质学家、考古学家、环境设计师等。

2. 探索活动三：绘制“我的能力图”

（1）举例：播放男生 ×× 的自述，根据资料，带领学生帮他做相应“我的能力图”的评级，板书示范“我的能力图”的绘制规则。

（2）绘制：每位学生根据自身实际情况，绘制任务单上根据多元智能理论设计的“我的能力图”。

（3）分享：邀请部分学生分享自己的“我的能力图”，以及相关感受与思考：

①你有觉察到自己有这么多不同种类的能力吗？你相信自己有这么多能力吗？

②你评级比较高的是哪些能力？这些能力是从哪里来的？（是天生的吗？）日常生活中，你在哪些情况下运用过这些能力呢？

③接下来你打算先挑战哪个社团的试炼，去进一步修炼呢？

四、团体结束阶段：激励祝福

结语：理想的人生不设限，多元社会需要每个人发挥各自不同的潜能。愿大家在不断的探索中，释放自己的成长力量，祝福你们！

我的大学我的梦

饶 萍

【理论支撑】

舒伯认为 15 ~ 17 岁处于尝试期，这个阶段需要考虑兴趣、需要、能力、价值观以及就业机会，通过幻想、讨论、课外工作等方式，尝试着选择职业，判断可能适合自己的职业领域和层次。本课的主要任务是明确自己的职业偏好。

【设计过程】

一、团体暖身阶段

班级根据座位分成 4 个小组，团队作战，每组轮流说出一个中国本科大学的名称，不能翻阅资料，说不出来或与前面说过的名称重复则算失败。失败的小组需要向成功的小组齐声说出："遥遥领先！"

二、团体转换阶段：大学的类别

了解大学可以问的 N 个问题：

（1）这个学校是公办、民办、中外合作办学还是以独立学院的形式？主办机构是谁？

（2）这个学校是本科层次的还是专科层次的？哪些专业有硕士、博士招生资格？

（3）这个学校是重点大学吗？是哪一种？C9、985、211、双一流？

（4）这个学校属于哪种学科类型的学校？是综合性、财经类、政法类、理工类、语言类、师范类、体育类、艺术类、民族类、农林类还是医药类？在同一类大学中属于什么水平？

（5）这个学校的王牌专业有哪些？

（6）这个学校在全国高校排名中能排到多少？

（7）这个学校什么时候建立的？为什么建立？从建立到现在有没有改过名？分别是什么？有没有和其他学校合并？有几个校区？将来想要就读的专业在

哪个校区？

（8）这个学校有多少学生？多少老师？

（9）学生都来自哪些地方？每个院系的男女比例如何？学校的社团活动都有哪些？都有哪些杰出校友？他们都是做什么的？

（10）这个学校的师资力量如何？有哪些特别杰出的老师？他们的代课科目有哪些？这些老师的教育背景如何？现在的研究方向是什么？学校与外界的学术交流活动如何？

（11）这个学校有没有重点实验室？分别研究什么？学校图书馆的藏书量有多少？有没有特色馆藏？住宿条件如何？食堂的菜好不好吃？其他硬件设施怎么样？

（12）这个学校所在的城市是什么气候？这里的风俗习惯有什么？城市的交通情况如何？有没有地铁？生活成本大概是多少？

（13）这个学校的环境怎么样？

（14）这个学校毕业生的去路有哪些？考研的比例有多少？哪些专业会考研比较多？去国外读研的比例有多少？有没有出国交流的机会？考本校研究生的多不多？考校外的比例呢？

（15）这个学校在广东的提档分数线是多少？每个专业在广东的分数线是多少？在广东省招生的排位大概是多少？专业的体检要求有哪些？

（16）除了高考之外，还有没有其他途径进入这个学校？具体的要求有哪些？

（17）这个学校的不同专业的学费是多少？奖学金有哪些？分别是多少？每个月的生活费大概需要多少？

三、团体工作阶段：探索的内容与途径

探索感兴趣的大学，你会想要了解哪些内容？你能通过哪些途径了解到这些信息？

探索内容：分数线、历史沿革、办学概况、办学层次；学科建设、办学水平、师资力量、学术研究；所在城市、学生生源、男女比例、优秀校友；硕士点博士点、招生要求、就业情况；校园环境、学校文化氛围、保研率；转专业要求、双学位、奖学金、学费。

探索途径：生涯人物访谈（家长、长辈生涯分享；优秀学姐学长分享；找专业的生涯规划师做咨询）；实地考察；冬夏令营；校园参观。

四、团体结束阶段

总结：找准方向，确立目标，奋力一搏，无悔青春。

学会选择，助力选科

程永乐

【理论支撑】

首先引导学生思考自己人生经历中的重大决策，思考影响决策满意度的重要因素。然后让学生在课堂中测量自己的决策风格，了解自己的决策风格，认识重大决策时采用理智决策风格的必要性。最后介绍理智决策工具决策平衡单。

【设计过程】

一、团体暖身阶段：决策风格测评

美国职业生涯专家斯科特（Scott）和布鲁斯（Bruce）认为决策风格是在后天的学习经验中逐渐形成的，并将决策风格划分为五种类型：理智型、直觉型、依赖型、回避型、自发型。

二、团体转换阶段：影响因素梳理

讨论：你选课时的考虑因素。

总结：从内部世界和外部世界两个角度去考量。其中，既涉及自己的因素，如学业成绩、能力、兴趣、性格、职业、专业等；又涉及重要他人及外部环境的因素，如父母的建议和期望、父母的职业和专业、重要的和喜欢的老师的建议、家庭经济情况、家族支持系统、学校对该科目的班级排班情况、师资配备、历年该科目选考赋分情况、该科目可选专业的范围、该科目相关专业的就业形势及发展前景等。

三、团体工作阶段：我的选科之旅

1. 我的选科打卡清单

列出一个帮助了解自己、他人、外部世界的打卡清单。

选科打卡清单：□探索自己的兴趣 □了解自己的性格 □清楚自己的能力 □明晰自己的价值观 □了解教育部的相关文件 □查阅生涯指导类图书 □查询高

考论坛上的信息 □观看感兴趣职业的纪录片 □认识 1～2 名感兴趣职业的职场人 □思考职业体检的行业、职业与岗位 □询问过家长意见 □询问过学长学姐 □请教过学科老师

研究显示：实践探索越多，选科决策满意度越高。

2. 选科考虑因素：学长学姐的选科经验

学长学姐认为选科需要考虑的因素：

个人因素：学科兴趣、学科优势、专业倾向。

学校因素：学科优势、师资结构、学校组合安排、本省考生情况。

客观因素：可选专业广度、学科能力要求。

3. 我的选科决策平衡单

写出需要做决定的事情，确定此事的几个选项，确定需要考虑的因素，按影响程度排序并赋予权重分值，填写生涯决策平衡单表格，根据符合程度打分（1～10 分），算出不同选项加权后总分，对比各项目总分，做出理性决定。

分享：罗列了哪些因素，最在乎哪一种因素，运用决策平衡单过程中的收获与困惑。

教师总结：决策平衡单只是一个工具，可以帮助我们梳理自己的思维。但是，它给我们的结果只是一个参考。

四、团体结束阶段

人生是一个不断取舍抉择的过程，不同的选择成就不同的人生。每个人都是自己的人生设计师，每一次决策都会影响我们的生命轨迹，不后悔自己做的每个决策，敢于对自己的决策负责才能拥有更好的人生。

参考文献

［1］罗涛，秦立霞，肖水源．简式自我控制量表中文版的信效度检验［J］．中国临床心理学杂志，2021，29（1）．

［2］方兆玉．棉花糖实验　自控力强更能通向成功［J］．上海教育，2017（14）．

［3］木一心理．棉花糖实验的更新迭代，成功的关键是自制力［EB/OL］．https://zhuanlan.zhihu.com/p/553029962?utm_psn=1695892595832766464.

［4］沈奕斐．什么样的爱情值得勇敢一次［M］．南京：江苏文艺出版社，2022.

［5］苏京，詹泽群．大学生心理健康教育（第1册）［M］．天津：天津科学技术出版社，2009.

［6］齐忠玉．乔哈里窗沟通法：深层沟通的心理学途径［M］．北京：中国电力出版社，2010.

［7］张卫，刘学兰，许思安，田丽丽．心理学［M］．北京：高等教育出版社，2019.

［8］欧斌．基于思维导图高中生发散思维训练［D］．福州：福建师范大学，2014.

［9］刘志红．训练发散思维，培养创新意识［J］．新课程研究，2016（22）．

［10］王正斌．高中生创新能力的培养［J］．基础教育参考，2017（4）．

［11］阳志平，彭华军．积极心理学团体活动课操作指南［M］．北京：机械工业出版社，2016.

［12］马甜语．积极心理学及其应用的理论研究［D］．长春：吉林大学，2009.

［13］王菊红．积极心理学视野下儿童乐观解释风格的训练方法［J］．江苏教育，2018（16）．

［14］阎丽，张智，张维娟．基于积极心理学的积极情绪教育与训练：以感恩和乐观为例［J］．中小学心理健康教育，2012（9）．

［15］王梓宇，周灿灿，游旭群．元认知信念影响事件性前瞻记忆　注意资源分配策略［C］//第十八届全国心理学学术会议摘要集．西安：陕西师范大学，

2015.

［17］陈雪莹. 视觉和听觉加工中的跨通道注意转移研究［D］. 天津：天津师范大学，2014.

［18］虞旻泓. 注意在听觉分流形成中的作用［D］. 杭州：浙江大学，2007.

［19］符翊雯. 非暴力沟通：用爱的语言和孩子对话［J］. 大众心理学，2022（10）.

［20］艾玲，关婉怡. 尊重边界，和而不同：高一学生人际交往心理课设计［J］. 中小学心理健康教育，2023（7）.

［21］张荣伟，柯少菁，连榕，等. 人际交往能力与生命意义的关系：孤独感和年级的作用［J］. 心理发展与教育，2020，36（5）.

［22］BARRETO M，VICTOR C，HAMMOND C，et al. Loneliness around the world：age，gender，and cultural differences in loneliness［J］. Personality and Individual Differences，2021（169）.

［23］PAPAPANON T K，BACOPOULOU F，MICHOU M，et al. Validation of the Greek version of social appearance anxiety scale in adolescents and young adults.［J］. EMBnet Journal，2023（28）.

［24］周红领. 疤痕实验给我们的教育启示［J］. 中小学德育，2011（4）.

［25］张艳. 绘制彩虹甜甜圈，探寻生命长宽高［J］. 中小学心理健康教育，2020（36）.

［26］中华人民共和国教育部. 中小学心理健康教育指导纲要（2012 年修订）［S］. 中小学心理健康教育，2013（1）.

［27］王晓丽，陈国鹏. 短时记忆研究的新进展［J］. 心理科学杂志，2002（5）.

［28］孙未冉. 艾宾浩斯遗忘曲线在学习中的应用［J］. 科学大众（科学教育），2018（10）.

［29］宋广文，牛盾. 对初中生进行记忆策略训练的实验研究［J］. 心理科学杂志，1995（5）.

［30］邹鑫. 小强升职记：时间管理故事书［M］. 北京：电子工业出版社，2022.

［31］喻子窈. 我已经足够好了：高中生关爱自我主题心理辅导活动课［J］. 中小学心理健康教育，2023（17）.

后 记

本书为一线教育工作者集体智慧的结晶。

在珠海的心理工作者特别有成就感，因为有一群志同道合的朋友；这里每所高中都已经常规开设心育课程，因为有一群支持心理工作的领导们。

本书在编写过程中，得到句玲玲、冯干新、冯文姝、刘畅、刘宇、孙遥、吴沁吟、何晓纯、肖涵、李梓楣、麦清仪、吴培娟、张玉婷、陈洁、陈瑞英、单佳楠、饶萍、梁英俊、黄蓉、黄挚靖、程永乐、曹宇晨、马妙璇、王甜等教师的大力支持。很多教师把自己多年以来的心育课例拿出来分享，与同人们一起成长。本书有些课例是教师自己的公开课，有些是自己多年打磨的课程。总之，都是在课堂实践中诞生的、有渲染力的课例，为从事心理工作的教师以及班主任提供了重要的参考。

本书参考和引用了一些国内同行的研究成果，也得到了珠海市第一中学等单位的大力支持，尤其是得到广东省张六安名校长工作室主持人张六安校长的指导和支持。1998 年，珠海一中在广东省率先启动心理健康教育，经过 20 年摸索，已形成鲜明的“一中特色”。学校从 2008 年 9 月开始在高一开设心育课程，2010 年、2012 年分别在高二、高三增开心育课程，课程内容划分为“生活指导”“学业指导”“生涯指导”三个模块。心育课程已经成为学生最爱上的一门课程，并起到了及时帮助学生预防、疏导、解决心理问题的作用。

在此谨向所有为本书提供大力支持的各位朋友表示衷心感谢！也诚恳欢迎同行、一线教师及广大读者提出宝贵意见。

编　者

2024 年 1 月